Frederick Guttmann R.

ESCATOLOGÍA DEL PROFETA DANIEL

First edition. April 22, 2024.

Copyright © 2024 Frederick Guttmann.

ISBN: 979-8230006923

Written by Frederick Guttmann.

ESCATOLOGÍA DEL PROFETA DANIEL

Project Magen

Frederick Guttmann R.

Www.frederickguttmann.com[1]
Carátula: Aday Quintero P.
133 páginas
Año 2011 (última actualización 2015)

---

1. http://www.frederickguttmann.com

Introducción

El profeta Daniel es un ícono histórico del pueblo de Israel, aunque es más especial para la teología cristiana. Es importante especialmente por ser el profeta con más revelaciones recibidas en un contexto histórico y hasta con lujo de detalles, abordando temas mundiales de geopolítica y conquista siglos antes de que los tales ocurriesen. Si bien, este varón es para el cristianismo mucho más que para los propios judíos, y es por ello que le he dedicado esta obra, toda vez que, a diferencia de cómo ocurriría en mayor medida con el judaísmo, dentro del cristianismo es grandemente un punto de inflexión en la escatología.

El nombre 'Daniel' significa en hebreo "Dios es mi juez" o "juicio de Dios", aunque en durante su estancia en Babel (Babilonia) le llamaron en acadio 'Balatsu-usur' ("Bel protege al rey"), transcrito al español como 'Beltsasar'. Fue uno de los hijos de la aristocracia judía que fueron sacados de Israel por Nabucodonosor II de Babilonia, durante el tiempo de Iahoikin (Joaquín), rey de Judah, o sea, fue llevado cautivo allá por el 598 o 597 a. C., aunque no se sabe oficialmente qué edad tenía cuando fue llevado, o en sí su año de nacimiento. Algo que vino hace poco a ser conocido es que el libro de Daniel gozaba de gran popularidad entre la comunidad esencia, existiendo mucha información que da énfasis de su escritura en las Cuevas del Qumran, incluso considerándosele como "canónico" (los judíos no pusieron a Daniel con el compendio de manuscritos de los Nebiím (Profetas) sino con los meramente históricos, los Ketubim (Escritos)). De hecho, si la popularidad de un libro es juzgada por el número de ejemplares de copias encontradas en las cuevas, Daniel – con sus 8 rollos -, ocuparía el 4º lugar, junto con el libro de los 12 profetas (Deuteronomio tiene 14 manuscritos, Isaías tiene 12, y los Samos 10).

A pesar de las críticas ya desde el Talmud, respecto de la auténtica naturaleza de Daniel como profeta y las acusaciones sobre él por dar *«buenos consejos al rey de Babilonia»* (que según Jazal provocaron que terminase en el foso de los leones), sus escritos hablan por sí mismos, al igual que el testimonio bíblico. Como veremos más adelante en el capítulo 9, especialmente en el final del mismo, hasta parecería que para los judíos ortodoxos era de interés menospreciar la obra de Daniel para refutar así la interpretación de su revelación recibida sobre la manifestación del Mesías. Si bien, Daniel relata episodios muy fuertes de intervención celestial y hasta es citado como uno de los "tres santos", u hombres más gratos a ojos de Dios en la antigüedad:

«*Si estos tres hombres estuvieran en medio de ella, [...] y estuvieran en medio de ella Noé, Daniel y Job, vivo yo, dice Iaheveh Adonai, que no librarían a hijo ni a hija. Solamente ellos, por su justicia, librarían sus propias vidas.*» (Ezequiel 14:18-20, RVA 95).

Daniel era parte de los judíos nobles que fueron llevados a la corte del rey Nabukanetzar II (nombre que suelen transcribir como 'Nabucodonosor'). Fue en ese tiempo que se hizo famoso por revelar a dicho soberano el contenido e interpretación de un sueño, y a partir de ahí varias visiones históricas le siguieron hasta su desconocido final (oficialmente no se sabe cómo terminó la vida de Daniel). Las visiones históricas de este profeta judío abarcan los eventos más significativos de su época, y anticipan todas las cosas más importantes que tuvieron lugar entre las grandes potencias postreras hasta el levantamiento del imperio romano. El contexto de la mayoría de sus visiones refiere asuntos geopolíticos y militares apropósito de Babilonia, luego Persia, los pueblos helenos que seguirían tras esto, y finalmente los latinos. Dichas cuestiones se constatan en al menos 5 visiones contextuales completas remarcando lo que sería de Nabucodonosor, sus descendientes, la invasión medo-persa, el levantamiento persa contra occidente, la venganza macedonia e intento de respuesta aqueménide, las guerras macabeas, el sometimiento griego a Egipto, y el fin de los judíos en Judea con el alzar del imperio romano.

A pesar de esto, es notorio que hay un par de versos del libro de Daniel (ej. 7:25-27) que hablan de costas muy posteriores, como la manifestación y obra de Belial (el Anticristo) - parte de una cuarta bestia - así como del advenimiento del Mesías y de la resurrección de los muertos. Este tipo de detalles, y malas interpretaciones de las otras visiones, bajo el prisma de la mayoría de teólogos cristianos, hacen suponer que muchas cosas dichas por Daniel aún deben ocurrir. Si bien, aunque Daniel dijese cosas que pudiesen ser el inicio de cuestiones relativas al final de este Eón (era, siglo, edad, ciclo, etapa), hay que complementar la tesis de sus comentarios a la luz de la historia y otras profecías.

I. LA VISIÓN DE LA ESTATUA

Hay visiones históricas claves que tuvo el profeta Daniel, y que abordan el pasado, aun cuando muchos teólogos cristianos están convencidos de ver ahí bastantes descripciones de cosas que aún deben tener lugar. Hay efectivamente comentarios aislados sobre cosas futuras, donde directamente él interpreta de sueños ajenos, o a él se le relata de parte de un ángel. Dado que todo esto suele estar separado por su correspondiente capítulo y consiste en ideas precisas, lo definiré todo como "visiones" suyas.

La primera de estas revelaciones trascendentales la ve Nabucodonosor, pero a Daniel se le da a conocer divinamente después para explicárselo a este rey y convencerlo del poder de Dios a través del don de revelación e interpretación dados a Daniel. Este tema se trata ya en el capítulo 2 de su libro, donde Daniel describe una estatua compuesta por varios materiales por secciones, y que se sobreentiende que representa los reinos de Babilonia (oro), Persia y Media (plata), Grecia – Macedonia - (bronce), Roma (hierro) y un misterioso 5º (hierro y barro). Esa estatua es derribada por una piedra cortada y lanzada por obra divina, la cual desmenuza toda la efigie. Esa piedra es el reino venidero del Mesías y así expone el manuscrito:

«Tú, rey, veías en tu sueño una gran imagen. Esta imagen era muy grande y su gloria, muy sublime. Estaba en pie delante de ti y su aspecto era terrible. La cabeza de esta imagen era de oro fino; su pecho y sus brazos, de plata; su vientre y sus muslos, de bronce; sus piernas, de hierro; sus pies, en

parte de hierro y en parte de barro cocido. Estabas mirando, hasta que una piedra se desprendió sin que la cortara mano alguna, e hirió a la imagen en sus pies de hierro y de barro cocido, y los desmenuzó. Entonces fueron desmenuzados también el hierro, el barro cocido, el bronce, la plata y el oro, y fueron como tamo de las eras del verano, y se los llevó el viento sin que de ellos quedara rastro alguno. Pero la piedra que hirió a la imagen se hizo un gran monte que llenó toda la tierra.» (vers. 31-35. Traducción de Reina Valera 1995)

La interpretación que Daniel refiere a aquel rey empieza aclarando: «*Tú eres aquella cabeza de oro.*» Y agrega:

«*Después de ti se levantará otro reino, inferior al tuyo; y luego un tercer reino de bronce, el cual dominará sobre toda la tierra. Y el cuarto reino será fuerte como el hierro; y como el hierro desmenuza y rompe todas las cosas, así él lo desmenuzará y lo quebrantará todo. Lo que viste de los pies y los dedos, en parte de barro cocido de alfarero y en parte de hierro, será un reino dividido; pero habrá en él algo de la fuerza del hierro, así como viste el hierro mezclado con barro cocido. Y por ser los dedos de los pies en parte de hierro y en parte de barro cocido, este reino será en parte fuerte y en parte frágil. Así como viste el hierro mezclado con barro, así se mezclarán por medio de alianzas humanas; pero no se unirán el uno con el otro, como el hierro no se mezcla con el barro. En los días de estos reyes, el Dios del cielo levantará un reino que no será jamás destruido, ni será el reino dejado a otro pueblo; desmenuzará y consumirá a todos estos reinos, pero él permanecerá para siempre, de la manera que viste que del monte se desprendió una piedra sin que la cortara mano alguna, la cual desmenuzó el hierro, el bronce, el barro, la plata y el oro. El gran Dios ha mostrado al rey lo que ha de acontecer en lo por venir; y el sueño es verdadero, y fiel su interpretación.*» (Vers. 38-45, RVA 95)

Como en muchas otras profecías se sobre entiende que de Roma surgen las raíces del "Nuevo Orden Mundial" (un gobierno global) que no da la apariencia en absoluto de tener relación con Roma sino con las potencias actuales y la ONU. Los 10 dedos de los pies justamente se pueden entender como los mismos 10 cuernos de la bestia de la visión del capítulo 7, y de la cual también hablaría el apóstol Juan en Apocalipsis. Si asumimos que el reino del Mesías se establece con la caída de este 5° reino, y los 5 son un bloque, ¿dónde quedan todas las diferencias geográficas, gubernamentales y políticas del mundo? Es evidente que del 4° reino (Roma) se crea un imperio basado en alianzas, las cuales se mezclan y a la vez no se mezclan. Si el hierro simboliza a Roma, es notorio que los pies de barro cocido y hierro son la combinación del poder romano y otros poderes, pero que en gran medida no son auténticamente alianzas o no lo son de forma fidedigna. Es como una combinación incombinable. ¿Por qué entonces se tratan de unir? ¿Habrá en ellos algo en común, un interés más fuerte que sus propios ideales, principios o ideología? Esto parece responderse solo al compararse con Apocalipsis:

«*Los diez cuernos que has visto son diez reyes que aún no han recibido reino; pero recibirán autoridad como reyes por una hora, juntamente con la bestia. Estos <u>tienen un mismo propósito</u>: entregarán su poder y autoridad a la bestia.*» (Apocalipsis 17:12-13, RVA 95)

Como se aprecia, a medida que pasan los imperios la calidad del material que los compone simbólicamente es menor, incluso pasa de minerales al propio barro. ¿Qué simboliza el barro? Los minerales ya están fundidos, por lo que estos imperios se levantan con la guerra, pero el último trata de combinar lo "ya hecho" con lo configurado por el propio hombre. Por ello, la interpretación de esto sería la misma que la del resto de citas apocalípticas que describen un gobierno global. Al apóstol Juan se le habló de una bestia que tenía 7 cabezas, y que esas cabezas representaban 7 montes, y a su vez 7 reinos. Entonces le explican que 5 habían pasado ya, que otro "era", y que un último habría de venir antes del advenimiento del Mesías para establecer su reino. En tiempos de Juan, el imperio era Roma, una vez más coincidiendo con la cuestión ya dicha, por lo que si se supone quiénes serían los 5 anteriores, entrarían claramente Babilonia, Medo-persia y Grecia, como 3 de ellos, pero, ¿y los otros 2? ¿Egipto y Asiria? ¿Y por qué en las otras visiones no se cuenta antes sobre ellos? Posiblemente porque Egipto fue el primer gran imperio de la era conocida de la humanidad desde que este eón empezó a contar, lo cual es posible que coincida con el diluvio, y nada tenía que ver con la nación de Israel. Desde el diluvio hasta Egipto no hubo ningún poder en la Tierra como para considerarse imperio, aún cuando antes de Egipto hubo un primer intento muy cercano de conseguir esto con la "Nueva York" de aquel entonces: la ciudad de la torre de Babel.

«*Cuando la gran torre se cayó y las lenguas de los hombres fueron separadas a muchos idiomas de los mortales, primero fue el poder real de Egipto establecido, el de los persas y de los medos y también de los etíopes y de Asiria y Babilonia. Entonces el gran orgullo de la jactancia Macedonia, entonces, quinto, el famoso reino sin ley último de los italianos se manifiesta muchos males a todos los mortales y deberá pasar las fatigas de los hombres de todos los países. Y conducirá los reyes de las naciones indómitas al Oeste, [para] hacer leyes para los pueblos y sujetar todas las cosas.*» (Oráculos Sibilinos. Libro VIII. Vers. 5-15)

Esta cita de la sibila es muy interesante, porque es una de varias que apoya los hechos históricos que la mayoría desconocen, respecto de cómo Roma transmutó en los EE.UU., primeramente por su deseo de sofocar la influencia protestante, y finalmente llegando a todos los escaños del poder legislativo, al grado de controlar a la ONU - evidentemente sin etiqueta alguna que pueda relacionarlo con Roma (de esto toca saber mucho de historia, especialmente de los jesuitas y de la fundación de los EE.UU.) -. Esto es aún más aceptable considerando que Apocalipsis describe a una prostituta que define a Babel como 'Gran Babilonia', y que es incendiada por los propios 10 reyes de la bestia sobre la que ella se asentaba. Todo empezó desde la torra de Babel y todo termina con la quema de esta última Babel (vocablo que se transcribe al griego como 'Babilonia'). Ahora bien, en el recuento el número de imperios difiere aquí respecto de la influencia en tiempos de los hebreos – como dije hace un momento - ya que el imperio egipcio fue anterior a los hebreos - en cuanto al contexto de lo que se está hablando (ya que los egipcios, tras la salida de los hebreos, no fueron exactamente una potencia opuesta a los hebreos, y progresivamente su fuerza empezó a menguar al lado del poder asirio) - y el etíope no influyó en la historia hebrea ni en el resto del mundo (posiblemente tratándose del reino de Aksum).

En consecuencia, Roma es definida como la 6ª de las 7 cabezas de la bestia que Juan vio, y de la que habla en el capítulo 17 de Apocalipsis. Pero, ¿cuál es la 7ª cabeza? Es común en los diversos dogmas establecidos por el hombre que emerjan tesis apuntando hacia lo contrario aquí, diciendo que todo esto ya pasó: un argumento especialmente católico, para legitimar su 'Poder Temporal', y exonerarse de su parte en esto. Pero, ¿quién destruye este imperio? No mano humana, sino el Mesías cuando regresa y establece su reino, pues escribe que «*la piedra que hirió a la imagen **se hizo un gran monte que llenó toda la tierra.***» (Dan. 2:35, R95), y agrega que «*En los días de estos reyes, **el Dios del cielo levantará un reino que no será jamás destruido**, ni será el reino dejado a otro pueblo; desmenuzará y consumirá a todos estos reinos, pero él permanecerá para siempre, de la manera que viste que del monte se desprendió una piedra sin que la cortara mano alguna, la cual desmenuzó el hierro, el bronce, el barro, la plata y el oro. El gran Dios ha mostrado al rey lo que ha de acontecer en lo por venir...*» (Dan. 2:44-45, R95) ¿De quién será este reino sino el del rey Jesucristo? ¿Se ha establecido ese reino? Dirían los defensores del 'Reino Ahora' que así es, pero comparándolo con las últimas citas de Apocalipsis no es así en absoluto: no ha iniciado un milenio de paz, no tenemos la inmortalidad, no tenemos la vida eterna, Ieshua (Jesús) no se ha manifestado, tampoco el Anciano de Días, no ha habido resurrección de los muertos, etc. Comparemos ahora estos 7 imperios definidos por Juan, los 5 descritos por la sibila griega, y los 5 de la estatua de Nabucodonosor con los 4 de la visión de Zacarías:

«Estos son los cuernos que dispersaron a Judah, a Israel y a Jerusalem.» (Cap. 1:19)

¿Quiénes dispersaron Judah? Primero Babilonia y finalmente Roma. ¿Quién dispersó Israel? Primeramente Siria - aunque Israel se dividió solo como nación – y lo que quedó fue exiliado por los romanos (aunque el texto no dice "llevar cautivo", sino "dispersar"). ¿Quién dispersó Jerusalem? Babilonia y Roma. Tenemos aquí lo que parecen ser asirios, babilonios y romanos. Falta otra nación, y por el contexto y significado de la voz 'Zarah', que también significa separar o malgastar, se entiende que el otro podría ser Grecia. Lo que parece más que claro es que estas visiones hablan de los imperios que nos han precedido, pero todos ellos siguen hablando de Roma y del final de un último reino en relación con la misma, directa o indirectamente. No obstante, es extraño que hablasen en tiempo pasado - *«dispersaron»* -, ya que en tiempos de Zacarías aún no existía el imperio romano, aún no se habían levantado los griegos ni los persas, y aún no había sido la deportación a Babilonia. Sin embargo, la traducción es otra cosa respecto de la semántica, ya que en hebreo no define algo pasado sino atemporal, y en consecuencia podría ser un anuncio de algo visto ya desde el futuro.

Si esto no fue suficiente, tiempo después otro sueño intrigaría a Nabucodonosor, y él sabría que recurrir a Daniel solucionaría el enigma de su sueño. No obstante, lo que anunciaba esta experiencia onírica podría no agradar al rey, aunque para su experiencia sería algo necesario por lo cual había de pasar:

«Éstas fueron las visiones de mi cabeza mientras estaba en mi cama: Me parecía ver en medio de la tierra un árbol, cuya altura era grande. Crecía este árbol, y se hacía fuerte, y su copa llegaba hasta el cielo, y se le alcanzaba a ver desde todos los confines de la tierra. Su follaje era hermoso y su fruto abundante, y había en él alimento para todos. Debajo de él se ponían a la sombra las bestias del campo, y en sus ramas hacían morada las aves del cielo, y se mantenía de él toda carne. Vi en las visiones de mi cabeza mientras estaba en mi cama, que he aquí un vigilante y santo

descendía del cielo. Y clamaba fuertemente y decía así: Derribad el árbol, y cortad sus ramas, quitadle el follaje, y dispersad su fruto; váyanse las bestias que están debajo de él, y las aves de sus ramas. Mas la cepa de sus raíces dejaréis en la tierra, con atadura de hierro y de bronce entre la hierba del campo; sea mojado con el rocío del cielo, y con las bestias sea su parte entre la hierba de la tierra. Su corazón de hombre sea cambiado, y le sea dado corazón de bestia, y pasen sobre él siete tiempos. La sentencia es por decreto de los vigilantes, y por dicho de los santos la resolución, para que conozcan los vivientes que el Altísimo gobierna el reino de los hombres, y que a quien él quiere lo da, y constituye sobre él al más bajo de los hombres.» (Dan. 4:10-17, R60)

La posterior interpretación de Daniel resulta ser completamente acertada, y todo lo que le advierte tiene lugar, ya que era algo que había de suceder al rey, pero el inicio de lo que Nabucodonosor vio era básicamente la gloria de su reino y el poder adquirido por su imperio:

«El árbol que viste, que crecía y se hacía fuerte, y cuya copa llegaba hasta el cielo, y que se veía desde todos los confines de la tierra, cuyo follaje era hermoso, y su fruto abundante, y en que había alimento para todos, debajo del cual moraban las bestias del campo, y en cuyas ramas anidaban las aves del cielo, tú mismo eres, oh rey, que creciste y te hiciste fuerte, pues creció tu grandeza y ha llegado hasta el cielo, y tu dominio hasta los confines de la tierra.» (Dan. 4:20-22, R60)

Sin embargo, este gobernante de la dinastía caldea, habiendo visto y experimentado semejante ascenso y dominio, no dio a Dios la verdadera honra, y fue quebrantado por un tiempo:

«Y en cuanto a lo que vio el rey, un vigilante y santo que descendía del cielo y decía: Cortad el árbol y destruidlo; mas la cepa de sus raíces dejaréis en la tierra, con atadura de hierro y de bronce en la hierba del campo; y sea mojado con el rocío del cielo, y con las bestias del campo sea su parte, hasta que pasen sobre él siete tiempos; ésta es la interpretación, oh rey, y la sentencia del Altísimo, que ha venido sobre mi señor el rey: Que te echarán de entre los hombres, y con las bestias del campo será tu morada,

y con hierba del campo te apacentarán como a los bueyes, y con el rocío del cielo serás bañado; y siete tiempos pasarán sobre ti, hasta que conozcas que el Altísimo tiene dominio en el reino de los hombres, y que lo da a quien él quiere. Y en cuanto a la orden de dejar en la tierra la cepa de las raíces del mismo árbol, significa que tu reino te quedará firme, luego que reconozcas que el cielo gobierna. Por tanto, oh rey, acepta mi consejo: tus pecados redime con justicia, y tus iniquidades haciendo misericordias para con los oprimidos, pues tal vez será eso una prolongación de tu tranquilidad. Todo esto vino sobre el rey Nabucodonosor.» (Dan. 4:23-28, R60)

II. LA VISIÓN DE LAS CUATRO BESTIAS

Después del lugar importante que adquiere Daniel en la corte del rey Nabucodonosor, parecen transcurrir varios años, en los cuales ciertas experiencias le dignifican como un ejemplo de fe y fortaleza, mas en determinado momento el tema de las visiones vuelve a mencionarse. Primero anticipa al rey un estado de locura en el que entraría por su vanagloria (cap. 4) y en lo que parecen ser décadas más tarde él mismo es quien empieza a ver cosas para un futuro más alejado en el tiempo, no sin antes advertir a la sucesión del rey que serían sometidos por los persas y terminaría su dinastía (cap. 5). En algún momento, entre este final predicho sobre la gloriosa Babilonia y la toma de la misma por parte de Ciro el grande, a Daniel se le anticipa lo que iba a ocurrir a partir de ese entonces para definir las pautas finales del tiempo de la humanidad, antes justo de su desenlace y el inicio de una era de luz. En el capítulo 7 de su libro, Daniel 7 habla de cuatro bestias, diciendo:

«Miraba yo en mi visión de noche, y vi que los cuatro vientos del cielo combatían en el gran mar. Y cuatro bestias grandes, diferentes la una de la otra, subían del mar. La primera era como un león, y tenía alas de águila. Yo estaba mirando hasta que sus alas le fueron arrancadas; fue levantada del suelo y se puso enhiesta sobre los pies, a manera de hombre, y se le dio corazón de hombre. Vi luego una segunda bestia, semejante a un oso, la cual se alzaba de un costado más que del otro. En su boca, entre los dientes,

tenía tres costillas; y se le dijo: "Levántate y devora mucha carne". Después de esto miré, y otra, semejante a un leopardo, con cuatro alas de ave en sus espaldas. Esta bestia tenía cuatro cabezas; y le fue dado dominio. Después de esto miraba yo en las visiones de la noche, y vi la cuarta bestia...» (Vers. 2-7, R95)

Al hablar de «*los cuatro vientos del cielo*», se refiere a los 4 puntos cardinales, es decir, describe un conflicto a gran escala, no una simple guerra local o nacional. La idea de "gran mar" puede ser una referencia al mar abierto, ya que los hebreos también llamaban mar a los grandes lagos, como es el caso del mar de Tiberiades o de Galilea, o el mar Rojo, o tratarse de una referencia al mar Mediterráneo. Otros podrían ir más allá de esta interpretación elemental y suponer que la visión recalca que aquello de lo que va a hablar viene reflejado de un conflicto celeste. Ahora bien, si analizamos esta visión a la luz del Oahspe, parecería indicarnos que el mundo sufre una guerra religiosa desde aquel entonces hasta el presente, pero siguiendo una secuencia cronológica de la historia, y cotejándola con otras visiones, encontramos obvio que mencione a los 4 grandes imperios dese ese tiempo hasta la actualidad: 1º Babilonia, 2º Media-Persia, 3º Macedonia y 4º Roma. De la 4ª emergería el estamento final con sus 10 cuernos, es decir, sería el gobierno global, de donde surge Belial (el falso profeta).

Babilonia y el símbolo del león alado son muy apropiadas, así como la visión del rey Nabucodonosor siendo primero humillado y luego dignificado a causa de su entendimiento, cuando Dios tuvo que doblegar su orgullo. Luego Persia como un oso, y que está más apoyada sobre un lado que del otro mientras tenía 3 costillas entre sus dientes, podría ser un indicativo de 3 reinos muy importantes que arrasó a su paso. El estar más cargado de un lado que del otro podría ser una cuestión relacionada con su sistema de administración imperial. No obstante, la que parece aún más clara es la 3ª de estas bestias, que por característica de felino, sea leopardo o tigre, es evidente que se expandió de forma rápida. Relacionando sus 4 alas con los 4 extremos del mundo, hallamos más analogías con el resto de profecías y fuentes que hablan de Grecia. Así como los grandes líderes persas eran llamados "rey del Mundo" y "rey de los cuatro extremos de la Tierra", el alzamiento de Alejandro Magno sería la encarnación de esta idea, extendiendo su imperio por los 4 puntos cardinales. Luego, esas 4 cabezas serían los 4 generales que le suceden tras su muerte.

*«Después de esto miraba yo en las visiones de la noche, y vi la cuarta bestia, espantosa, terrible y en gran manera fuerte, la cual tenía unos grandes dientes de hierro; devoraba y desmenuzaba, pisoteaba las sobras con sus pies, y era muy diferente de todas las bestias que había visto antes de ella; y **tenía diez cuernos**. Mientras yo contemplaba los cuernos, **otro cuerno pequeño salió entre ellos**, y delante de él fueron arrancados tres cuernos de los primeros. Este cuerno tenía ojos como de hombre y una boca que hablaba con gran insolencia. Estuve mirando hasta que **fueron puestos unos tronos y se sentó un Anciano de días**. Su vestido era blanco como la nieve; el pelo de su cabeza, como lana limpia; su trono, llama de fuego, y fuego ardiente las ruedas del mismo. Un río de fuego procedía y salía de delante de él; miles de miles lo servían, y millones de millones estaban delante de él. El Juez se sentó y los libros fueron abiertos. Yo entonces miraba a causa del sonido de las grandes insolencias que hablaba el cuerno; y **mientras miraba mataron a la bestia, y su cuerpo fue destrozado y entregado para quemarlo en el fuego**.»* (Dan. 7:7-11)

Cabe señalar que además de que este se designa como el último reino que habría en la Tierra – entiéndase, hasta la venida del Señor -, contiene componentes claros que lo asocian a la bestia definida por el apóstol Juan en Apocalipsis 17:

«... y vi a una mujer sentada sobre una bestia escarlata llena de nombres de blasfemia, que tenía siete cabezas y diez cuernos. [...] en su frente un nombre escrito, un misterio: BABILONIA LA GRANDE, LA MADRE DE LAS RAMERAS Y DE LAS ABOMINACIONES DE LA TIERRA. [...] La bestia que has visto, era, y no es; y está para subir del abismo e ir a perdición; y los moradores de la tierra, aquellos cuyos

*nombres no están escritos desde la fundación del mundo en el libro de la vida, se asombrarán viendo la bestia que era y no es, y será. [...] Esto, para la mente que tenga sabiduría: Las siete cabezas son siete montes, sobre los cuales se sienta la mujer, y son siete reyes. Cinco de ellos han caído; uno es, y el otro aún no ha venido; y cuando venga, es necesario que dure breve tiempo. La bestia que era, y no es, **es también el octavo**; y **es de entre los siete**, y va a la perdición. Y los diez cuernos que has visto, son diez reyes, que aún no han recibido reino; pero por una hora recibirán autoridad como reyes juntamente con la bestia. Éstos tienen un mismo propósito, y entregarán su poder y su autoridad a la bestia. Pelearán contra el Cordero, y el Cordero los vencerá, porque él es Señor de señores y Rey de reyes; y los que están con él son llamados y elegidos y fieles. [...] Y los diez cuernos que viste en la bestia, éstos aborrecerán a la ramera, y la dejarán desolada y desnuda; y devorarán sus carnes, y la quemarán con fuego; porque Dios ha puesto en sus corazones el ejecutar lo que él quiso: ponerse de acuerdo, y dar su reino a la bestia, hasta que se cumplan las palabras de Dios. Y la mujer que has visto es la gran ciudad que reina sobre los reyes de la tierra.* » (vers. 3-18, R60)

Algunos opinan que esta bestia no guarda relación con la que vio Daniel, aún a pesar de los claros paralelismos. Uno de los argumentos para sustentar esto es que la 4ª bestia de la que habló Daniel no fue descrita con 7 cabezas. Si bien, esto se podría justificar considerando que la visión de Daniel hablaba de los 4 grandes imperios desde los días de Daniel hasta la venida del Mesías, mientras que la de Juan solo se centraba en los detalles de esta última potencia. Eso explicaría por qué le dicen a Juan que la bestia es también de entre los 7, y asimismo es el 8º: si el 6º era Roma, y otro había de subir (el 7º), éste parece ser un gobierno establecido con base al 6º (Roma), pero además de ser un 7º imperio, o el "gobierno global", es, en sí mismo, un gobernante y, posiblemente también, un gobierno. Es muy simple, si los 10 líderes fuesen los 10 individuos más poderosos del mundo en la actualidad, y ellos pasan su poder a la bestia, ¿quién es la bestia? Si es un gobierno, alguien debe ser cabeza del gobierno, y si es cabeza de un gobierno, ¿dónde se ubica ese gobierno? Pero los que piensan que esto es distinto de los de Daniel también se pegan del hecho de que Daniel menciona a un 11° personaje que emergerá y derribará a 3 de los 10, cosa de la que nada dice Apocalipsis:

«*La cuarta bestia será un cuarto reino en la tierra, el cual será diferente de todos los otros reinos, y a toda la tierra devorará, trillará y despedazará. Los diez cuernos significan que de aquel reino se levantarán diez reyes; y* **tras ellos se levantará otro***, el cual será diferente de los primeros, y derribará a tres reyes. Hablará palabras contra el Altísimo, a los santos del Altísimo quebrantará y pensará en cambiar los tiempos y la Ley; y serán entregados en sus manos hasta tiempo, tiempos y medio tiempo.* **<u>Pero se sentará el Juez, y le quitarán su dominio</u>**, <u>para que sea destruido y arruinado hasta el fin</u>**, y que el reino, el dominio y la majestad de los reinos debajo de todo el cielo sean dados al pueblo de los santos del Altísimo**, <u>cuyo reino es reino eterno</u>, y **<u>todos los dominios lo servirán y obedecerán</u>**.» (Dan. 7:23-27, RVA 95)

En este punto Daniel y Juan tienen más aciertos en común que discrepancias, y es notorio que ambos hablan de un personaje que surgirá en último momento, cuando la bestia haya recibido el poder de estos 10 "señores" o soberanos. Ambos coinciden en que al llegar esto también vendrá el final de dicho gobierno, y vendrá con el advenimiento del Mesías y un delegado de Dios. Estas cosas fueron reveladas a siervos de Dios después de Daniel:

«*Luego vi un sueño, y he aquí, vino desde el mar un águila, que tenía doce alas de plumas, y tres cabezas. [...] Y vi que <u>todas las cosas bajo el cielo, estaban sujetos a ella</u>, y <u>ninguno hablaba en contra de ella</u>, no, no a una criatura sobre la tierra. [...] Pero* **las cabezas se mantendrán para lo último***. [...] Entonces [la] cabeza una voz que me dijo: Mira delante de ti, y considera lo que tú ves. Y miré, y he aquí, como si fuera* **un león rugiente**, **<u>emergiendo del madero</u>***, y vi que él envió una voz de hombre hasta el águila, y le dijo: escucha tú, voy a hablar contigo, y el Altísimo te* *dice, ¿**No eres tú quien permaneces de las cuatro bestias**, quien reina en mi mundo, <u>que al final de su tiempo puede llegar a través de ellos</u>? Y **el cuarto vino, y superó todas las bestias que habían pasado**, y tenía poder sobre el mundo, con gran temor, y sobre toda la burbuja de la tierra con mucha opresión malvada, y <u>así mucho tiempo vivió en la tierra con el engaño</u>....»* (2ª Esdras 11)

Aquí Esdras confirma que la 4ª bestia será la última, y que será juzgada directamente por el Mesías, cuándo el Señor retorne, y asimismo confirma que esta bestia es la única que permanecería hasta el final. Luego, le agregan al escriba el resto de información:

*«Porque tú me has juzgado digno, muéstrame los últimos tiempos. Y él me dijo: Esta es la interpretación de la visión: **El águila, que has visto venir desde el mar, es el reino que fue visto en la visión de tu hermano Daniel**. Sin embargo, no se le explicó, por lo tanto, ahora te lo declararé a ti. He aquí, el día vendrá, que **se levantará un reino en la tierra, y se temerá por encima de todos los reinos que tenía ante sí**. [...] Y el león, a quien has visto, que subía de la madera, y rugiendo, y habló con el águila, y [le] reprendió por su injusticia con todas las palabras que has oído; Este es **el ungido**, a quien el Altísimo <u>ha reservado para ellos y para su maldad hasta el fin</u>: que se les reprenda, y les reconvenga con su crueldad.»* (2ª Esdras 12)

Además de Esdras, al menos 100 años antes Baruc había sido informado también de este tema:

*«Y él respondió y me dijo: Baruc, esta es la interpretación de la visión que has visto. [...] He aquí los días venideros, y <u>este reino será destruido una vez que destruyó Sión</u>, y **será sometido al que viene después**. Por otra parte, que también <u>después de un tiempo será destruido</u>, y otro, **un tercero, se producirá, y que también tendrá el dominio de su tiempo, y serán destruido**. Y después de estas cosas [un] <u>cuarto reino se producirá, cuyo poder será duro y el mal mucho más allá de los que fueron antes de él</u>, [...] Y porque la verdad se oculta, ya todos los que están contaminados con la iniquidad de huir con él, [...] que vendrá a pasar **cuando el momento***

de su consumación que se ha dirigido a caer, entonces el Principado de Mi Mesías será revelado, que es como la fuente y la vid, y cuando se ponga de manifiesto a raíz de la multitud de su huésped...» (2ª Baruc 39)

La característica de la mentira y el engaño es bastante representativa del poder actual, que va desde Roma hasta el actual poder en la sombra, lo que algunos llaman Illuminati. Aquí observamos que también a Baruc se le habló de dichos reinos, empezando por Babilonia, quien en su tiempo había "destruido Tzion", y por ello también serían destruidos. Si recordamos, Baruc era escriba del profeta Jeremías, y ambos presenciaron la destrucción de Jerusalem y del Primer Templo por parte del poder babilonio. Tras este imperio se le dijo que vendría uno que "sometería" a Babilonia, cosa que corresponde con los persas, y entonces éste, a su vez, sería también destruido después de un tiempo. Otro vendría y tendría dominio en su tiempo antes de también ser destruido, y es menester recordar que Grecia venció a Persia "tras un tiempo", ya que al principio los helenos fueron sometidos por los medo-persas. Si el tercero eran los helenos, la referencia es igual de acertada: Alejandro se vengó de los persas mucho tiempo después de que ellos hubiesen dominado a los griegos. Posteriormente vemos que vuelve a hablar del 4ª reino, y el cual llega a la consumación cuando el principado o reinado del Mesías empieza a ser revelado, o sea, inician las señales para comenzar su establecimiento.

*«Porque ante los acompañantes de Alejandro, rey de Macedonia, que vivió comparativamente hace poco tiempo, el mar de Panfilia se retiró y les abrió paso, cuando no tenían otro camino por donde ir, y **eso ocurrió cuando fue la voluntad de Dios destruir la monarquía de los persas.** El hecho lo reconocen como auténtico todos los que han escrito sobre las acciones de Alejandro.»* (Antigüedades de los Judíos. Libro I. Cap. XVI, vers. 5. Tito Flavio Josefo)

Respecto del último cuerno que menciona Daniel, diciendo que viene tras los 10, afirma que *«será diferente de los primeros»*, aunque no especifica en qué. Si supusiésemos que estos 10 son reyes, ¿cómo encajamos esta versión con la actualidad? Sí, hay básicamente 10 monarquías en Europa, pero, al menos que se sepa, no representan en suma ni siquiera las mayores riquezas o poderes del mundo, salvo la casa danesa y la británica. Si fuesen los 10 generales del FEMA, eso solamente se aplicaría a los EE.UU., no al resto del mundo. Si se tratase de 10 líderes nombrados, podría apoyar la teoría de que el mundo fuese repartido en 10 secciones, algo así como en 'Las Guerras del Hambre', pero de ser así aún tendríamos que ver los cambios consecuentes para llevaros a esa situación. A pesar de esto, considerar a 10 individuos "nombrados" es una idea democrática poco habitual en el "iluminismo", y habiendo un grupo de familias que controlan todo el planeta, ¿por qué iban a nombrar a 10 personas? ¿Por qué no 8 o 12, o 15? ¿Qué pasaría si estamos hablando de las 10 personas más poderosas del mundo? Apocalipsis dice que recibirán poder en una hora junto con la bestia, y eso deja pensar si entonces sí serían personajes elegidos, o ellos mismos, por autocracia o por influencia sobre el pueblo, sean definidos como los legítimos gobernantes que han de dirigir el planeta.

¿En una hora recibirán poder? La "hora" en lengua hebrea, es una generalidad lingüística usada como en otros idiomas, tanto para 60 minutos como para "un momento" específico. Como cuando decimos *«esta es la hora indicada»* o *«es la hora del almuerzo»*, en cuando a una franja de tiempo breve, no necesariamente de 60 minutos. Sea como sea, tras estos dirigentes o "amos" viene otro que es distinto, y si es distinto puede que lo sea en que no necesariamente pertenece a una casta real, a una mafia adinerada, a un monopolio gubernamental, a un gremio político o cosas de esa índole. Se dice de él que *«Hablará palabras contra el Altísimo»*, cosa que se asemeja a lo dicho por Juan, sea respecto del falso profeta o del 8º, es decir, la bestia misma:

«También se le dio boca que hablaba grandes cosas y blasfemias; y se le dio autoridad para actuar cuarenta y dos meses. Y abrió su boca en blasfemias contra Dios, para blasfemar de su nombre, de su tabernáculo, y de los que moran en el cielo.» (Apoc. 13:5-6, R60)

Interesante coincidencia con Daniel:

«*...tras ellos se levantará otro, el cual será diferente de los primeros, y derribará a tres reyes. Hablará palabras contra el Altísimo, a los santos del Altísimo quebrantará y pensará en cambiar los tiempos y la Ley; y serán entregados en sus manos hasta tiempo, tiempos y medio tiempo. Pero se sentará el Juez, y le quitarán su dominio...*» (Dan. 7:24-26, R95)

Baruc también habla de este tema y refiere que dicho individuo quedará hasta el último momento, para ser juzgado en presencia del Mesías:

«*<u>El último líder de ese momento se dejará vivo</u>, **cuando la multitud de sus tropas se pondrán a la espada**, y <u>**quedará sometido, y le llevarán hasta el monte de Sión, y mi Mesías lo condenará por todas sus impiedades**</u>, y se reunirán ante él y establecerá todas las obras de sus anfitriones. Y después, se lo pondrá a la muerte, y [se] protegerá al resto de mi pueblo que se encuentra en el lugar que he elegido. Y el Principado será para siempre, hasta que el mundo de la corrupción se encuentre en un extremo, y hasta que los plazos establecidos se cumplan. Esta es su visión, y esta es su interpretación.*» (2ª Baruc 40)

Claramente este es el mismo ejemplo y el mismo parámetro que siguen las visiones de Daniel y de Juan en su Apocalipsis:

«*Vi a la bestia y a los reyes de la tierra y sus ejércitos, reunidos para guerrear contra el que montaba el caballo y contra su ejército. La bestia fue apresada, y con ella el falso profeta...*» (Apoc. 19:19-20, RVA 95)

¿Cómo es eso de que el cuerno vence a los santos? También de eso habla Apocalipsis, refiriendo la situación de aquellos siervos de Dios que sean dejados tras el Arrebatamiento, al narrar simbólicamente que «*el dragón se llenó de ira contra la mujer; y se fue a hacer guerra contra el resto de la descendencia de ella, los que guardan los mandamientos de Dios y tienen el testimonio de Jesucristo.*» (Apoc. 12:17, R60). Además de eso, otras fuentes confirman que el Mesías regresará junto con una personificación de Dios (llamado 'Anciano de Días' o 'Cabeza de los Días'), que a su vez es figura del padre mismo de Ieshua (Jesús):

«Le pregunté al ángel que iba conmigo y que me mostraba todas las cosas secretas con respecto a este **Hijo del Hombre:** *";Quién es éste, de dónde viene y* **por qué va con la Cabeza de los Días?".** *Me respondió y me dijo: Este es el Hijo del Hombre, que posee la justicia y con quien vive la justicia y que revelará todos los tesoros ocultos, porque el Señor de los espíritus lo ha escogido y tiene como destino la mayor dignidad ante el Señor de los espíritus, justamente y por siempre. El Hijo del Hombre que has visto, levantará a los reyes y a los poderosos de sus lechos y a los fuertes de sus tronos;* **desatará los frenos de los fuertes y les partirá los dientes a los pecadores;** <u>*derrocará a los reyes de sus tronos y reinos,*</u> *porque ellos no le han ensalzado y alabado ni reconocieron humildemente de dónde les fue otorgada la realeza. Le cambiará la cara a los fuertes llenándolos de temor; las tinieblas serán su morada y los gusanos su cama, y no tendrán esperanza de levantarse de esa cama, porque no exaltaron el nombre del Señor de los espíritus.»* (2ª Henoc 46:2-6)

Podemos ir concluyendo en que esta porción del libro de Daniel realmente nos habla de episodios pasados y venideros, ¿pero hay más partes donde también Daniel hable de cosas futuras? Tenemos que la 1ª bestia es Babilonia, la segunda es Persia, la tercera es Grecia y la cuarta es Roma. Algunos han refutado que aquí no entra Grecia, incluso diciendo que la misma no existía hasta el siglo XIX; lógicamente es un argumento fuera de lugar. Esa región estuvo bajo ocupación otomana hasta las guerras de independencia en las que les ayudaron Rusia, Francia e Inglaterra, pero no por eso dejó de ser históricamente Grecia, o antes los helenos o jonios. La Segunda bestia (Persia-Media) invadió a los pueblos helenos empezando por las Termópilas, es decir, el bastión espartano. Sabemos que en ese entonces los griegos (cuyo término viene de Graikos, un hijo de Zeus y Pandora), eran una serie de pueblos enemistados que ni siquiera Agamenón pudo organizar perfectamente para tomar la 7ª Troya (siglo XIII a. C.), pero tras la valentía de los espartanos, muchos pueblos helenos (nombre que deriva de los antiguos habitantes de la Hélade) se unieron, a pesar de las muchas batallas perdidas. Años después Alejandro Magno quiso vengarse y sometió a los persas y llegó hasta la India. Murió en su lecho, y Seléuco, Ptolomeo, Casandro y Lisímaco tomaron el poder de cada una de las 4 regiones (Daniel 8:8 y 21-22) hacia donde el imperio se había extendido y mantuvieron el poder heleno-griego hasta el surgir el imperio romano.

Es interesante observar que Daniel advertirse sobre el advenimiento del Anticristo (llamado 'Belial'), y a pesar de ello muchos creen que no es una referencia al mismo, y no solo eso, sino que aunque lo fuese, no existen más alusiones – por no decir que ninguna salvo en Apocalipsis – que hable de dicho individuo. Contrariamente sí se menciona a este ser en muchas fuentes:

A – 'Las Guerras de los Hijos de la Luz contra los Hijos de las Tinieblas', de los manuscritos del Qumran, señalan al Anticristo – sea directamente o espiritualmente – apoyando militarmente a los romanos (la 4ª bestia).

B – '2ª Tesalonicenses 2', donde Pablo menciona que Satán estará detrás de la manifestación de este individuo; que el Inicuo hará falsos milagros, se pondrá sobre el Lugar Santo y además se impondrá contra toda cosa sagrada.

C – 'Evangelio de Amonio', donde se explica que el Sermón Escatológico era un anuncio de los eventos que precederán la manifestación del Anticristo.

D – 'Apocalipsis de Elías', donde el profeta señala que el Anticristo aparecerá justa antes del Mesías en su venida gloriosa, y engañará al mundo con falsos milagros.

E – 'La Ascensión de Isaías', donde el profeta anuncia la venida del Anticristo, cómo desviará a muchos de la fe, cómo pondrá su imagen delante de él en toda ciudad, cuánto tiempo ejercerá el poder, cómo terminará, etc.

F – 'Evangelio de Nicodemo', donde Henoc y Elías anuncian su regreso para predicar en Jerusalem en contra del Anticristo, y ser asesinados a los 3 años y medio, pero ser resucitados al tercer día y ser llevados de regreso al cielo.

G – 'Apocalipsis de Tomás' reitera que el Sermón Escatológico (guerra mundial, hambre, epidemias y terremotos seguidos por señales del cielo) anunciaba la manifestación del Anticristo.

H – 'Libro Secreto de Juan' y '2º Tratado de Set' relatan el origen de Belial.

I – 'Las Claves Mayores de Salomón' refieren que el Anticristo vendrá a establecer un reino temporal con el regreso de Henoc y Elías, y tras estos tres aparecerá el Mesías.

En cuanto al apóstol Pablo, él nos habla de dos claves venideras antes del regreso de Cristo: la apostasía y el anticristo. La primera debe llegar para que sea manifiesta la segunda, y entonces venga la ira de Dios. Debe eliminarse el espíritu de verdad de todo el mundo (aunque quedemos minorías escasas) para que se manifieste el otro espíritu, el del anticristo. No voy a entrar en énfasis sobre historia ni dar una cátedra sobre el progreso de Roma y la fundación de los EE.UU., porque eso ya lo he tratado en obras anteriores, pero para quienes estudiamos historia sabemos que Roma (la 4ª bestia) ha cambiado de fachada y estrategias desde el principio, y usó el surgir de los EE.UU. para continuar desde ahí controlando el mundo, de modo que Vaticano no fuese identificado como la fuente del poder e influencia. Todo el poder de Roma, a través de los jesuitas, pasó a la completitud de los estamentos de los EE.UU. a lo largo de más de dos siglos. La biblia ni dice esto ni lo deja de decir, empíricamente, porque la biblia terminó de desarrollarse en un periodo histórico que finiquitó en el siglo I d. C. (16 siglos antes de la aparición de los EE.UU.).

La bestia trae la apostasía, para que la propia bestia pueda levantarse sin oposición, es decir, este es el espíritu del anticristo. Anticristo es oponerse a todo que tiene que ver con la figura de Cristo, y apostasía es renegar de las costumbres, creencias y tradiciones religiosas o culturales-ancestrales. La combinación de ambas cosas es justamente la puerta de entrada a la Gran Tribulación. La apostasía se está viendo tremendamente en la cultura popular y en las sectas religiosas (sectas, o grupos, denominaciones, etc.) que se están volviendo hacia fábulas, espíritus de engaño, fanatismo, liberalidad, libertinaje, degradación, etc. También el espíritu del anticristo se está moviendo a nivel social, especialmente en leyes y jurisprudencia que va quitando papel al cristianismo y por el contrario está dando lugar al satanismo público, la degradación social, la perversión sexual infantil en los colegios, etc.

III. ¿LA BESTIA PODRÍA SER EL ISLAM?

Entre las muchas teorías y tesis escatológicas que existen, hay una reciente que se ha hecho popular entre determinadas personas y grupos religiosos, y es la que cree que la Bestia es el mismísimo islam. Los partidarios de esta nueva tendencia afirman que Apocalipsis 13:18 mencionaba originalmente el nombre 'Allah', pero aún en griego dice 'áritmos' ("número"), no "nombre". Es decir, está escrito «*el número es...*», no "el nombre es...". Ahí en concreto está hablando de una cifra, no de un nombre, lo cual suele coincidir con la "Cábala cristiana", por llamarla así, donde los cristianos utilizaban métodos ya conocidos entre los judíos, en los que usando el valor de las letras codificaban un nombre. Por ejemplo, si el vocablo hebreo 'Aba' (Padre) fuese un nombre propio, el valor de sus letras sería 4 (A = 1 + B = 2 + A = 1).

Ahora bien, la forma en que en árabe se escribe Allah no tiene semejanza alguna con el orden de Ji-Chi-Stigma, que son los caracteres originales que constan en los manuscritos griegos. Ni siquiera en la biblia árabe, como la versión Van Dyke, aparecen caracteres con algún tipo de similitud entre ambos conceptos. Además de esto las letras ji-chi-stigma no se pueden pronunciar porque no tienen vocales, salvo como "jxs" o "jhchs", que más que griego parecería alguna lengua alienígena. En sí, Alá en griego es 'Alláx' (Alfa-Lamda-Lamda-Alfa-Ji), y se pronuncia 'Aláj'. Pero los que creen en esta tesis sostienen que la grafía del islam, de Daesh y de Aláh están todos vinculados y se asocian al nombre y número de la bestia, argumentando además que el sonido final de 'Aláh', como se aprecia en castellano estaría oculto en la forma griega de la letra Sigma. Para empezar sería absurdo asumir que agregasen una "tilde", siendo este asunto meramente del castellano, y en lo que respecta a igualdad de los propios caracteres - a mi parecer - ni siquiera se asemejan. Solo la 'Chi', viéndose vertical y luego horizontal parecería parte de la estructura del nombre Allah, pero a mi modo de ver eso no es una prueba de nada sino casualidad mezclada con el deseo de forzar una imagen para que tenga la forma que se desea que tenga. Por ejemplo, el verso de Apoc. 13:18 no dice que «es el número de un hombre», sino que «el número» de Thíriou «*es número de hombre*», o sea, de una persona (ni siquiera eso se puede interpretar como "número de una deidad", como es el caos de Allah).

En sí es un tanto absurdo relacionar el árabe con la escritura del Apocalipsis. En la época del apóstol Juan - 500 años antes de Mahoma - los árabes llamaban a dios 'Allah Tohalla', y si Juan – de quien no se tiene constancia que supiese árabe - hubiese querido escribir 'Allah Tohalla', o tan solo 'Allah', habría atentado contra su propia fe, porque Alah es solo la traducción árabe para Dios. En el peor de los casos habría escrito "islam", o palabras aún más concisa y directas, como "sharia", "chíi" o "daesh". Si bien, quienes siguen esta corriente incluso definen el vocablo árabe 'Alá' como "nombre blasfemo". El vocablo griego 'Dios' que tanto se utiliza mundialmente en cada lengua y traducción es un epíteto de la deidad griega Zeus, de la raíz 'Día' (luz diurna), es decir "el que provee la luz". Así como 'dios' se traduce en hebreo 'Eloah' (de ahí el plural "elohim"), en árabe su equivalente es 'Allah' o 'Alá'. ¿Qué tiene eso de blasfemia? La raíz de Elh (Eloah) es 'El', y es el mismo cognado semítico de 'Alh' (Alá). Si el uno es blasfemo, ¿no lo es el otro? Además de esto, estas personas sostienen que el nombre de Alah aparece en Apocalipsis como "dos espadas cruzadas", pero por mucho que he analizado el nombre 'Allah' no lo he hallado, ni lo que pretenden ver, salgo que Alá sería el equivalente del castellano "Dios".

El vocablo 'Dios', en griego, es Theos, de ahí la relación con Zeus (aquel que tiene vida), en inglés es God, del germano Gott, y este a su vez de Wott, y ese del escandinavo Wottan (la forma más común de llamar a Odín). En chino es Shen y en japonés es Kami; en ruso es Bog y en francés es Dieu. Igual que con el griego Theos, Dieu pasó a Dios, y todos estos proceden del sánscrito Djaus (que da lugar a 'Zeus'), que era parte del nombre completo Djauspitar (que pasó al romano 'Júpiter), el nombre de dios en la antigua India (antes del culto a Brahma), y donde 'Diaush-Pitá' quiere decir "padre del cielo". El término hebreo 'Alah' tiene muchas connotaciones y acepciones, que van desde jurar, imprecar, perjurar, maldecir; someter a juramento; lamentar, suspirar; no poder hacer algo a pesar de intentarlo; advertencia solemne; encina; estos; y en arameo 'Dios'. Del vocablo 'Alah' proviene el hebreo 'Aloh' (el mismo término con la 'Vav' en medio, que se pronuncia 'Eloah' (Dios). Lo mismo en árabe, donde "Dios" se dice 'Alah', porque los árabes no hablan hebreo, ni arameo, ni griego ni español. Hay por internet esta moda de traducir 'biaism allah' (en el nombre de Alá) con unos caracteres supuestamente parecidos a dos espadas cruzadas, una letra parecida a la 'chi' griega en horizontal, y otro caracter que hacen parecer la letra 'stigma' griega. Incluso toman frases de los yihadistas para reconfigurarlas de tal forma que se asemejan lo más posible a esta especulación. Todo esto está forzadísimo, incluso quien lee en árabe 'biasim allah' ve que no tiene nada que ver con la idea que está de moda entre muchos ahora.

Entre las cosas dichas por estos teóricos, es que la marca de Caín y la marca de la bestia son dos cosas completamente diferentes. La "marca" de Caín, ¿qué es? En hebreo dice 'Aot' (letra, señal), que los judíos tradujeron a la LXX como 'Simeion' (signo, señal). La "marca" de la bestia, ¿qué es? En griego dice 'járagma' que se refiere a una incisión, un pinchazo en la piel, una herida; no es algo metafórico ni simbólico sino algo que pincharán en la piel y sin lo cual nadie podrá comprar o vender. Si no pueden comparar ni vender con eso que le querrán pinchar a la gente en la piel del dorso de la mano, se está hablando de la economía, un sustitutivo del dinero, las tarjetas de crédito, cheques, monedas, o sea, las divisas. Un tipo de moneda digital o electrónica, y a menos que se interprete que los árabes controlen la economía mundial, esta suposición no tiene ninguna lógica. Es más, si se estudian las letras ji, chi y stigma, coinciden con el 'jaragma', porque Ji significa 'vida', Chi es la 'energía vital' que fluye por nuestro cuerpo, las fluctuaciones de la energía del cuerpo (que usan los chips de implantación humana para mantenerse encendidos), y Stigma es una herida en la piel (de ahí viene la palabra "estigma").

Hay mucho más en esta tesis, pero cae por su propio peso, como la idea de los 7 montes de la bestia, que afirman que son mares de Arabia. El colmo, porque Arabia no colinda con el Mediterráneo, ni con el Caspio, ni con el Negro. Los golfos de Adén y Omán no son mares sino golfos, y pertenecen al mar de Arabia (mar Arábigo) en el índico. Arabia solo tiene mar a su derecha en el "golfo" Pérsico, y a su izquierda con el – efectivamente- - mar, que es el de los juncos, o 'rojo'. El golfo de Adén pertenece a Somalia y Yemen, no a Arabia. Arabia no tiene jurisdicción ahí, ni territorio, ni tampoco en Omán. Bueno, dejando a un lado esta curiosidad que quise agregar en esa obra, prosigamos en el tema.

IV. VISIÓN DEL MACHO CABRÍO Y EL CARNERO

Siguiendo el orden de capítulos de Daniel, y asumiendo que llevan un orden de escritura donde él iba a notando sus experiencias, tenemos que este profeta tuvo otra visión tras la de las 4 bestias. Habían transcurrido 2 años, según él afirma, cuando estando en Elam tuvo otra visión como la anterior, pero en este caso con dos animales peleándose. En su descripción, el primero en aparecer es un carnero, es decir, una "oveja macho" adulto:

«Alcé los ojos y miré, y he aquí un carnero que estaba delante del río, y tenía dos cuernos; y aunque los cuernos eran altos, uno era más alto que el otro; y el más alto creció después. Vi que el carnero hería con los cuernos al poniente, al norte y al sur, y que ninguna bestia podía parar delante de él, ni había quien escapase de su poder; y hacía conforme a su voluntad, y se engrandecía. Mientras yo consideraba esto, he aquí un macho cabrío venía del lado del poniente sobre la faz de toda la tierra, sin tocar tierra; y aquel macho cabrío tenía un cuerno notable entre sus ojos.» (Cap. 8:3-5, RVA 60)

Entonces en su experiencia aparece el arcángel Gabriel, quien le explica que el carnero *«que tenía dos cuernos, éstos son los reyes de Media y de Persia. El macho cabrío es el rey de Grecia, y el cuerno grande que tenía entre sus ojos es el rey primero.»* (Vers. 20-21) No obstante, en aquellos días gobernaba Belsasar, hijo del rey Nabónido y último de Babilonia (aunque parecería que Daniel da a entender que Belsasar era hijo directo de Nabucodonosor), por lo que se le anticipaba el final del brillante imperio babilonio, siendo seguido del poder de dos reinos emergentes que chocarían entre ellos. Persia, Media y Grecia ya eran reinos conocidos, y especialmente Grecia en un tiempo muy lejano había sido una gran nación (o coalición de pueblos de gran esplendor), pero ahora se le anticipaba a Daniel que éstos se alzarían y contenderían de una forma terrible, y su guerra cambiaría el mundo de aquel entonces. La lucha entre el macho cabrío (Grecia) y el carnero (Persia) son básicamente las guerras médicas:

«Y vino hasta el carnero de dos cuernos, que yo había visto en la ribera del río, y corrió contra él con la furia de su fuerza. Y lo vi que llegó junto al carnero, y se levantó contra él y lo hirió, y le quebró sus dos cuernos, y el carnero no tenía fuerzas para pararse delante de él; lo derribó, por tanto, en tierra, y lo pisoteó, y no hubo quien librase al carnero de su poder. Y el macho cabrío se engrandeció sobremanera; pero estando en su mayor fuerza, aquel gran cuerno fue quebrado, y en su lugar salieron otros cuatro cuernos notables hacia los cuatro vientos del cielo.» (Vers. 6-8)

Sabemos por la historia que los persas invadieron Grecia desde Jonia (547 a. C.), cruzando Helesponto y atravesando Tracia hacia Macedonia, pero encontrándose con el freno del ejército espartano en las Termópilas, para proteger el Egeo y las ciudades más importantes de los helenos. Los griegos fueron derrotados y debieron someterse a los persas, pero su creciente resentimiento llevó a nuevos levantamientos contra los invasores desde el 499 a. C. Así, para el 490 a. C. se desataron las grandes guerras que llevarían a la toma completa de Grecia por parte de los persas en el 478 a. C. Sin embargo, la visión de Daniel en este punto no enfatiza en estos antecedentes, salvo para hablar del poder del carnero. De lo que sí empieza a narrar es desde el levantamiento del macho cabrío (Grecia), cuyo notable cuerno que quiebra los dos del carnero es Alejandro Magno. Aunque hubo más conflictos después del 478 a. C., como las campañas de Jerjes, y que llegaron al 429 a. C. con un tratado de paz del rey persa Artajerjes I, Alejandro, casi un siglo después (334 a. C.) inicia una cruzada tremendamente rápida y fulminante contra los persas, aplastándolos y llegando hasta la India, solo frenado por su salud.

«Alejandro de Macedonia, hijo de Filipo, partió del país de Quitím, y después de derrotar a Darío, rey de los persas y los medos, reinó en lugar de él, en primer lugar sobre la Hélade. Libró muchas batallas, conquistó plazas fuertes y dio muerte a reyes de la tierra. Avanzó hasta los confines del mundo y saqueó una multitud de naciones. La tierra enmudeció en su presencia y por eso su corazón se ensoberbeció y se llenó de orgullo. Reunió un ejército poderosísimo, y sometió provincias, naciones y dinastías, que le pagaron tributo. Después cayó enfermo y, comprendiendo que iba a morir, convocó a sus generales, a los nobles que se habían educado con él desde su juventud y, antes de su muerte, repartió entre ellos su reino. Alejandro murió después de reinar doce años, y sus generales se hicieron cargo del gobierno, cada uno en su propia región. Apenas murió, todos se ciñeron la corona, y sus hijos los sucedieron durante muchos años, llenando la tierra de calamidades.» (1ª Macabeos 1:1-9, Septuaginta)

El capítulo 8 se podría decir que empieza dando clara propaganda a Alejandro, engrandecido por su empresa, pero *«estando en su mayor fuerza»*, resulta que *«fue quebrado»*, viniendo a ser sucedido por sus 4 generales, pues *«en su lugar salieron otros cuatro cuernos notables hacia los cuatro vientos del cielo.»* Esta no es la única ocasión en que a Daniel se le anticipan estos hechos, ya que más adelante otras revelaciones le hacen saber que tras el poder aqueménide se levantaría *«luego un rey valiente»* el cual dominaría *«con gran poder»* y quien haría su voluntad hasta cuando pasaría a ser quebrado y su poder legado a sus 4 principales (Dan. 11:3-4). ¿Quiénes eran esos 4? Seleuco, Ptolomeo, Casandro y Lisímaco, cada uno regente de una región bajo dominio heleno: Casandro dominó el norte, que básicamente era Macedonia y Grecia; Lisímaco, por su parte, gobernó al lado, toda Tracia y la llamada Asia (lo que actualmente sería el oeste de Turquía); Ptolomeo rigió el sur, es decir, Egipto, siendo especialmente mencionado en Daniel 11 por las luchas entre él y el poder egipcio; Casandro, de donde sale ese *«cuerno pequeño»* que trae males al pueblo hebreo, gobernó al oriente, la extensión enorme que iba hasta la mismísima Persia. La visión que Daniel narra en el capítulo 8 de su libro no se limita a Alejandro y sus sucesores, sino que anticipa eventos por parte de un descendiente de uno de sus generales, que afectarían a los judíos:

«Y de uno de ellos salió un cuerno pequeño, que creció mucho al sur, y al oriente, y hacia la tierra gloriosa. Y se engrandeció hasta el ejército del cielo; y parte del ejército y de las estrellas echó por tierra, y las pisoteó. Aun se engrandeció contra el príncipe de los ejércitos, y por él fue quitado el continuo sacrificio, y el lugar de su santuario fue echado por tierra. Y a causa de la prevaricación le fue entregado el ejército junto con el continuo sacrificio; y echó por tierra la verdad, e hizo cuanto quiso, y prosperó.» (Dan. 8:6-12, RVA 60)

Daniel vio su visión viniendo del "oeste" porque él estaba al "este": No tuvo la visión en Israel sino en Elam. Alexander no solo se vengó de los persas, tomó todas las regiones, como Anatolia y Asiria, que son regiones norteñas (aunque orientales tomando como referencia a Macedonia), y Egipto, que son regiones sureñas (sur, oriente y tierra gloriosa). O sea, la división llevó al "cuerno" a tomar poder de todo el imperio que históricamente fue heleno (oriente, Egipto, Grecia e incluso las provincias de Judeah). Decir, "cuatro vientos del cielo", en vez de aclarar "norte, sur, este y oeste" quiere decir que va "en todas direcciones", sin ser estrictamente un movimiento simétrico, sino general. Por ello aclara que el cuerno va al sur, oriente y a la tierra gloriosa. ¿Quién era, pues, ese cuerno pequeño? Antíoco Epífanes (Antíoco IV). La definición 'Keren' (cuerno) es un simbolismo para "líder". El eufemismo de "pequeño" se usa para la edad o para el rango oficial del individuo. Efectivamente el "cuerno pequeño" de Daniel 7:8 es el hijo de iniquidad, pero el "cuerno pequeño" de Daniel 8:9 fueron el final de Antíoco III y todo lo relativo a Antíoco Epífanes, su hijo. El cuerno pequeño de Daniel 7:8 es el Anticristo, y el cuerno pequeño de Daniel 8:9 es Antíoco Epífanes.

Aclarando que hasta la misma traducción es ya una interpretación, no algo literal, vamos al aspecto histórico de cada apartado. Daniel 8:11-13 está narrando al guerra entre griegos y medo-persas en medio de las cuales Judea se ve también afectada. En el 323 a. C., muere Alexander (Alejandro Magno) y el poder pasa a sus generales, entre los que destacan Ptolomeo y Seleuco. Alejandro se llevaba bien con los judíos a causa de una embajada que le había dicho que estaba profetizado por Daniel que él llegaría lejos, pero no debía atacar al pueblo hebreo. Sin embargo, Antíoco IV Epífanes (175 y 164 a. C.) suspendió las actividades litúrgicas y religiosas en Judea, cesó el sacrificio continuo y todo tipo de asunto espiritual en el templo.

Como profetiza Daniel, después de varios años los judíos restauran las actividades religiosas, gracias a las guerras levantadas por los hermanos macabeos (martillo), que restituyeron los servicios, purificaron el templo, pusieron otras ves aceite y lámparas, renovaron los sacrificios. Esto fue tan importante para la historia hebrea que hasta hoy se celebra como una de las fiestas más importantes del judaísmo: Januca (la fiesta de las luces). Entre otras fuentes, esto está registrado no solo en los primeros libros de los Macabeos, sino en el Talmud. Ahí, entre otras descripciones que detallen el asunto, dice claramente que por orden de Antíoco IV *«los holocaustos, los sacrificios y las libaciones debían suprimirse en el Santuario.»* (1ª Mac. 1:45), después de las masacres, saqueos, perversión y sometimiento que causaron a traición. Ahora bien, se sabe que el padre de Antíoco Epífanes, Antíoco III el grande, fracasó al toparse con el emergente imperio romano. Fue derrotado dos veces, en las Termópilas (191 a. C.) y en la batalla de Magnesia del 190 a. C., contra el general romano Lucio Cornelio Escipión, y tres años después murió subiendo su hijo Seleuco IV Filopátor por unos años hasta su asesinato, ya que seguidamente tomó el cargo Antíoco Epífanes. Los macabeos lo cuentan así:

«De ellos surgió un vástago perverso, Antíoco Epífanes, hijo del rey Antíoco, que había estado en Roma como rehén y subió al trono el año ciento treinta y siete del Imperio griego. Fue entonces cuando apareció en Israel un grupo de renegados que sedujeron a muchos, diciendo: "Hagamos una alianza con las naciones vecinas, porque desde que nos separamos de ellas, nos han sobrevenido muchos males". Esta propuesta fue bien recibida, y algunos del pueblo fueron en seguida a ver al rey y este les dio autorización para seguir las costumbres de los paganos. Ellos construyeron un gimnasio en Jerusalén al estilo de los paganos, disimularon la marca de la circuncisión y, renegando de la santa alianza, se unieron a los paganos y se entregaron a toda clase de maldades.» (1ª Mac. 1:10-15)

Es posible que a Daniel también se la hablase de esto mucho después, según se refleja en el capítulo 12 de su libro, pero centrándonos en este momento en las palabras aquí referidas, pues parecen existir argumentos para suponer que esto no podría ser históricamente correcto, pero no es así. El *«ejército pisoteado»* del que habla el pasaje, ¿a quién pertenece? Al principio al ejército judío, lógicamente (no va a ser el del cielo), que al final de esto vence a los griegos. Las traducciones, como de costumbre, provocan muchas confusiones en aquellos que no profundizan en la lengua antes de realizar sus interpretaciones de los textos, y en este caso el texto hebreo dice que *«creció hasta el ejército del cielo»*, la griega habla de *«exaltarse hasta las estrellas del cielo»* o *«se hizo grande hasta el poder de los cielos»*, mientras la Vulgata refiere que se *«magnificó hasta la fortaleza del ciel*o»*, es decir, que "creció hasta el cielo". Pero, ¿quiere decir esto? Aceptando el uso de eufemismos clásicos que siempre se evocan en la literatura, estaría diciendo que Antíoco que engrandeció sí mismo por encima de los poderes celestiales. En el capítulo 11, a partir del versículo 30 se trata todo esto con mayor detalle, pero respecto del capítulo 8 el verso es muy curioso, ya que asume que las acciones de Antíoco hacen que *«hace descender a tierra»*, tanto *«de entre el ejército»* como *«de entre las estrellas»*, de modo que son "pisoteados".

Aunque los primeros dos libros de los Macabeos abordan esta historia, adjuntaré algunas citas relevantes para contextualizar la temática. Supongamos que el ejército pisoteado – al principio – son las fuerzas judías, pero al hablar de Kokabim (estrellas, astros, planetas, ángeles) parece un claro indicativo de la participación de seres celestiales en asuntos humanos. Mas, ¿cómo es eso de que los "pisotea"? Si ellos son seres gloriosos, de luz y dedicados a la obra espiritual, ¿cómo tienen que rebajarse al grado de luchar cuerpo a cuerpo con mortales? La dignificación de estos ángeles llegó a rebajarse al grado de dejar su lugar de santidad para resolver asuntos humanos y codearse con ellos en disputas personales. Por ejemplo, el alto oficial de Antíoco se disponía a tomar el tesoro del templo, pero fue intervenido por los ángeles:

*«Pero cuando ya se encontraba con su escolta junto al Tesoro, el Soberano de los espíritus y de toda Potestad se manifestó tan esplendorosamente que todos los que se habían atrevido a venir con él, heridos por el poder de Dios, quedaron sin fuerzas y acobardados. Porque **se les apareció un caballo montado por un temible jinete y ricamente enjaezado**, el cual, arrojándose con ímpetu, levantó contra Heliodoro sus cascos delanteros. El jinete aparecía cubierto con una armadura de oro. <u>También se le aparecieron otros dos jóvenes de extraordinario vigor, resplandecientes por su hermosura y vestidos espléndidamente</u>: ellos se pusieron uno a cada lado y lo azotaban sin cesar, moliéndolo a golpes. Heliodoro cayó en tierra, envuelto en una densa oscuridad, y en seguida lo recogieron y lo sacaron en una camilla. Así llevaban ahora, incapaz de valerse por sí mismo, al que poco antes había entrado al Tesoro, acompañado de numeroso séquito y de toda su escolta. Y todos reconocieron claramente la soberanía de Dios. Mientras él yacía derribado por la fuerza divina, sin habla y sin esperanza de salvación, los judíos bendecían al Señor, que había glorificado su propio Lugar. El Templo, que poco antes había estado lleno de miedo y consternación, desbordaba ahora de alegría y de júbilo por la manifestación del Señor todopoderoso. En seguida, algunos de los acompañantes de Heliodoro rogaron a Onías que invocara*

al Altísimo a fin de que perdonara la vida al que ya estaba a punto de expirar. El Sumo Sacerdote, temiendo que el rey sospechara que los judíos habían atentado contra Heliodoro, ofreció un sacrificio por su curación. Mientras el Sumo Sacerdote ofrecía el sacrificio de expiación, **se aparecieron otra vez a Heliodoro los mismos jóvenes, cubiertos con las mismas vestiduras y, puestos de pie,** *le dijeron: "Da muchas gracias al Sumo Sacerdote Onías, porque por su intercesión el Señor te concede la vida. Y ahora tú, que has sido castigado por el Cielo, anuncia a todos la grandeza del poder de Dios". Dicho esto, desaparecieron.»* (2ª Mac. 3:24-34)

El roce cuerpo a cuerpo entre ángeles y humanos se constata a lo largo de la historia en muchas ocasiones – como podéis constatar casos en mi obra 'Estrellas Errantes' (2010) -, pero los escritos bíblicos del canon protestante ya dejan esto muy evidente, como cuando «*se quedó Iakob solo; y luchó con él un varón hasta que rayaba el alba*» (Gén. 32:24), que se asume que era un ángel, o los propios arcángeles Gabriel y Miguel debieron meterse en estos conflictos (como aborda el propio Daniel más adelante), incluso cuando un príncipe del ejército de Iaheveh vino a ayudar a Josué en la toma de Jericó (Josué 5:13-15), o cuando un ángel masacró a 185.000 soldados egipcios que venían contra Judeah en días de Ezequías (Isaías 37:36). La victoria judía estaba asegurada gracias a su confianza en el Altísimo:

«*Timoteo, que ya antes había sido derrotado por los judíos, después de reclutar numerosas tropas extranjeras y de reunir una considerable cantidad de caballos traídos de Asia, se presentó con la intención de conquistar Judea por las armas. Mientras él se aproximaba, el Macabeo y sus hombres cubrieron de polvo su cabeza y se ciñeron la cintura con cilicios, para suplicar a Dios. Postrados al pie del altar, le pedían que se mostrara propicio con ellos, haciéndose enemigo de sus enemigos y adversario de sus adversarios, como lo declara la Ley. Al terminar la súplica, empuñaron las armas y avanzaron un buen trecho fuera de la ciudad. Cuando estuvieron cerca de sus enemigos, se detuvieron. Al* *despuntar el alba, los dos bandos se lanzaron al combate. Unos tenían como prenda de éxito y de victoria, además de su valor, su confianza en el Señor; los otros combatían impulsados sólo por su arrojo. En lo más encarnizado de la batalla, **los enemigos vieron aparecer en el cielo cinco hombres majestuosos montados en caballos con frenos de oro, que se pusieron al frente de los judíos**. Esos hombres colocaron al Macabeo en medio de ellos y, cubriéndolo con sus armas, <u>lo hicieron invulnerable, mientras arrojaban flechas y rayos contra los adversarios</u>. Estos, enceguecidos por el resplandor, se dispersaron en el más completo desorden. Así perecieron veinte mil quinientos soldados y seiscientos jinetes.»* (2ª Mac. 10:24-31)

*«Cuando el Macabeo reunió a sus seguidores, unos seis mil en total, los exhortó a que no se dejaran acobardar por los enemigos ni se amedrentaran ante la inmensa multitud de gente que venía a atacarlos injustamente. Los animó asimismo a que lucharan con entusiasmo, teniendo bien presente los ultrajes perpetrados contra el Santuario, las violencias contra la Ciudad humillada y la supresión de las costumbres de sus antepasados. "Ellos, les dijo, confían en sus armas y en su audacia, pero **nosotros confiamos en el Dios todopoderoso que puede deshacer con un solo gesto no sólo a los que nos atacan, sino también al mundo entero**". Luego <u>les enumeró todas las ayudas con que habían sido favorecidos sus antepasados,</u> especialmente en tiempos de Senaquerib, cuando murieron ciento ochenta y cinco mil hombres. Les recordó **la batalla librada en Babilonia contra los gálatas, cuando ocho mil judíos entraron en acción junto con cuatro mil macedonios. En esa oportunidad, los macedonios se encontraban sin salida y los ocho mil judíos, <u>gracias al auxilio recibido del Cielo, derrotaron a ciento veinte mil enemigos</u>** y se apoderaron de un gran botín.»* (2ª Mac. 8:16-20)

No pocas fueron las veces en que los ángeles ayudaron los judíos contra las fuerzas de Antíoco:

*«Cuando los partidarios del Macabeo supieron que Lisias había sitiado la fortaleza, comenzaron a suplicar al Señor con gemidos y lágrimas, unidos a la multitud, pidiéndole que enviara un ángel protector para salvar a Israel. El propio Macabeo, que fue el primero en empuñar las armas, exhortó a los demás a afrontar el peligro junto con él, a fin de salvar a sus hermanos. Todos se lanzaron al combate con gran entusiasmo y, cuando todavía estaban cerca de Jerusalén, **apareció al frente de ellos un jinete con vestiduras blancas y esgrimiendo armas de oro**. Todos bendijeron unánimemente al Dios misericordioso, y se enardecieron de tal manera, que estaban dispuestos a acometer, no sólo contra los hombres, sino también contra las bestias más feroces y aun contra murallas de hierro. Así avanzaron en orden de batalla, <u>protegidos por su aliado celestial</u>, porque el Señor se había compadecido de ellos. Y lanzándose como leones contra los enemigos, derribaron a once mil soldados y a mil seiscientos jinetes, y a todos los demás los obligaron a huir. La mayoría de estos escaparon heridos y sin armas, y el mismo Lisias se salvó huyendo vergonzosamente.»* (2ª Mac. 11:6-12)

Daniel nos cuenta que ese soberano blasfemo *«aun se engrandeció hasta el jefe del ejército»* (vers. 11), pero, ¿de qué ejército nos estaría hablando? Y por encima de todo, ¿de qué jefe militar nos habla? Esta es la aparente parte poco clara de este relato, el uso de la última palabra de la cita, «tirmesem», como si hubiese pisoteado al ejército del cielo, pero algunos interpretan que se refiere a "atropello" (de la forma "Ramás", de donde viene la definición ahí citada), en cuanto a meterse también directamente con estos poderes que bajaron. Aquí pareciese decirnos que, incluso como se aprecia en las típicas traducciones, Antíoco se engrandece "contra" un general militar de un ejército, pero no nos aclara de qué ejército nos estaría hablando. No obstante, si nos apegamos al contexto histórico, la interpretación que más parece ajustar es que no solo Antíoco se engrandece, sino que lo hace el general de su ejército. El capítulo 11 de Daniel, como ya he dicho, es más explícito en esto, pero en este sentido Wikipedia nos dice de Antíoco:

«A su regreso, organizó una expedición contra Jerusalén, la cual saqueó. Según el Libro de los Macabeos, promulgó varias ordenanzas de tipo religioso: trató de suprimir el culto a Yahveh, prohibió el judaísmo suspendiendo toda clase de manifestación religiosa, mandó que se comieran alimentos considerados impuros y trató de establecer el culto a los dioses griegos. Pero el sacerdote judío Matatías y sus dos hijos llamados Macabeos consiguieron levantar a la población en su contra y lo expulsaron. La fiesta judía de Janucá conmemora este hecho.» (Wikipedia.org/Antíoco_IV_Epífanes)

Otra cosa que Daniel anticipa es que por culpa de ese "cuerno" y/o de su jefe militar *«fue quitado el continuo»* y *«quitado su santo lugar»*. Las correspondencias son obvias, y podemos observar que el 'Tamid', o "continuo" sacrificio que realizaban los sacerdotes fue prohibido por Antíoco, quien además *«tiró el fundamento de su santuario»*. Toda esta profanación es seguidamente citada en los capítulos 11 y 12, y reciben el nombre genérico de 'Shikutz Meshumem' (Abominación que Asola), de la cual es imagen aquella que también Daniel describe en el final del capítulo 9, y de la cual reitera Jesucristo en el Sermón Escatológico. Seguidamente Daniel agrega que un *«ejército dado sobre el continuo en transgresión»*, cuestión que algunos interpretan como referencia a que por su pecado el ejército judío fue entregado en manos de Antíoco para ser humillado, pero esto históricamente no sería del todo correcto. Lo que se puede ver revisando la traducción es que Antíoco envía sus tropas para profanar el templo, usando la fuerza militar se hace con el control y promueve sacrilegios y abominaciones, tal como cita más adelante en la extensión de esta visión, diciendo que *«con lisonjas seducirá a los violadores del pacto.»* (Dan. 11:32, R60) Ya lo mencioné más arriba al citar Primera de Macabeos 11 al 15:

«Fue entonces cuando apareció en Israel un grupo de renegados que sedujeron a muchos, diciendo: "Hagamos una alianza con las naciones vecinas, porque desde que nos separamos de ellas, nos han sobrevenido muchos males". Esta propuesta fue bien recibida, y algunos del pueblo

*fueron en seguida a ver al rey y este les dio autorización para **seguir las costumbres de los paganos.** Ellos <u>construyeron un gimnasio en Jerusalén al estilo de los paganos, disimularon la marca de la circuncisión y, **renegando de la santa alianza,** se unieron a los paganos y **se entregaron a toda clase de maldades**</u>*.» (1ª Mac. 10-15)

Pero Daniel, mientras observaba todas estas cosas, escuchó que un santo hablaba a otro santo sobre el tiempo en que esta 'Pishá Shmem' (prevaricación asoladora) - que seguramente se refiere a la abominación asoladora -:

«*Entonces oí hablar a un santo; y otro de los santos preguntó a aquel que hablaba: "¿Hasta cuándo durará la visión del sacrificio continuo, la prevaricación asoladora y la entrega del santuario y el ejército para ser pisoteados?". Y él dijo: "Hasta dos mil trescientas tardes y mañanas; luego el santuario será purificado".*» (Dan. 13-14, RVA 95)

«*En mano de extraños la entregué para ser saqueada, y será presa de los impíos de la tierra, y la profanarán. Y apartaré de ellos mi rostro, y será violado mi lugar secreto; pues entrarán en él invasores y lo profanarán.*» (Ezequiel 7:21-22, R60)

Efectivamente esta abominación no fue duradera, y concluyó con la purificación del templo. No obstante, seguimos viendo detalles que hay que aclarar, y aunque matizaré al abordar el capítulo 11 de Daniel, puedo anticipar que Antíoco ciertamente tomó el país sureño, y «*después de derrotar a Egipto, emprendió el camino de regreso, el año ciento cuarenta y tres, y subió contra Israel, llegando a Jerusalén con un poderoso ejército.*» (1ª Mac. 1:20) Así es como Daniel fue informado de estas cosas que sucederían «*muchos días*» (Dan. 8:26) después de él, y para él fue tan duro oír todo esto que estuvo quebrantado y hasta enfermó durante varios días. El profeta supo que estas cosas debían ocurrir como referencias para el tiempo del fin, pero no quiere decir que fuese "el fin de los fines", sino uno de los escenarios que marcan una serie de pautas que deben ocurrir para que este Eón (era) concluya. La visión sobre Antíoco comprendía en su contexto unas tales "2.300

tardes y mañanas", desde el inicio de la profanación del templo hasta su purificación. El uso de la definición de "tarde y mañana" en vez de "día" podría interpretarse como una alusión a un tiempo de oscuridad. En otras palabras, un periodo de guerra espiritual. El santo termina explicándole a Daniel aquí:

«*Y al fin del reinado de éstos, cuando los transgresores lleguen al colmo, se levantará un rey altivo de rostro y entendido en enigmas. Y su poder se fortalecerá, mas no con fuerza propia; y causará grandes ruinas, y prosperará, y hará arbitrariamente, y destruirá a los fuertes y al pueblo de los santos. Con su sagacidad hará prosperar el engaño en su mano; y en su corazón se engrandecerá, y sin aviso destruirá a muchos; y se levantará contra el Príncipe de los príncipes, pero será quebrantado, aunque no por mano humana.*» (Dan. 8:23-25, R60)

Esos 4 cuyo reinado había terminado antes de la época de Antíoco fueron Ptolomeo, Lisímaco, Casandro y Seleuco (su propio antecesor directo, básicamente como tras tatarabuelo). Este Antíoco es quien parece ser evocado acá y quien vence a los santos, o sea, al pueblo hebreo. No está del todo claro quién es el 'sar sarím' (jefe de jefes) al que se refiere. Lógicamente no puede ser Ieshua (Jesús), ya que distaban al menos 160 años de su nacimiento; tampoco podría ser algún sacerdote, ya que esto se estableció justamente después de la purificación del Tempo cuando se instauró el sacerdocio hasmoneo. Además, en lengua hebrea sacerdote no es "sar", sino 'Kohen'. Ahora bien, ¿podrían ser los romanos? ¿O los persas? El soberano de Persia era llamado por los persas y pueblos sujetos al impero "rey de reyes", pero los hebreos no iban a llamarlo "melej ha.melejim" (rey de reyes), dado que ese es un título para el Mesías y hasta para Dios. El texto dice 'sar sarim' (jefe de jefes), que los sabios tradujeron a la Septuaginta como 'Apoléias Andron' (hombre destructor). Dicha explicación no aclara el asunto, pero lo que sí puede aclararlo es el contexto de los hechos y la jerga hebrea, pues los judíos se organizaban por asambleas y nombraban 'sarim' (principales), y entre ellos, el más reputado era el 'príncipe del pueblo', o sea, el principal de todos los jefes.

Al escribir "no por mano humana" (vers. 25), modificaron notablemente el relato, porque no dice nada de eso: «*iad ishber*» (su mano será quebrada), donde mano es un eufemismo hebreo para decir "poder", como también reza en la Septuaginta: "jeirí syntrípsei" (mano destrozada). Ahora bien, el arcángel Gabriel ya había hablado de estos gobernantes al decir que el 'sar' (jefe) del reino persa se le opuso (se puso "delante", lit.) por 3 semanas de modo que no había podido llegar antes a Daniel (cap. 10:13). Esta suposición podría ser correcta a la luz de lo que la cronología engloba:

«*Antíoco, en campaña contra el Imperio parto, cosechó algunos éxitos, conquistando Elam y Babilonia. Mientras organizaba una expedición punitiva para retomar Israel personalmente, le sobrevino la muerte causada por una tuberculosis.*» (Wikipedia)

Podemos observar que Daniel y las otras fuentes empatan perfectamente, toda vez que los romanos le amenazan (cap. 11:44), va contra Jerusalem, pero al tiempo de rebelarse los macabeos empieza a perder poder en la zona; va contra los persas y gana terreno, pero al quiere regresar contra los judíos muerte, pero no en guerra ni por mano de nadie. La frase de Daniel 8:25 la tradujeron como "no por mano humana", pero eso nada tiene que ver, ni con la traducción latina, ni con la griega, ni con la versión original aramea. Solo dice que su fuerza (que en arameo y hebreo se dice "iad" (mano) como representación del poder) sería destruida. Tampoco afirma nada de que será "quebrantado", solo que su plan para vencer a este "hombre" es "detenido", y "cesa su mano y es rota", es decir, su poder es reducido, acabado.

Podemos concluir con que esta visión es respecto de la lucha entre Persia y Grecia (eventos transcurridos en el siglo V a. C.), porque aunque gran parte es también problema con los judíos, concluye con un intento de someter a los ya aminorados persas, que es el tiempo de la muerte de Antíoco. Empezamos viendo que Alejandro plantó cara a los persas y a partir de la batalla de Gaugamela los helenos se pusieron sobre los persas y Alejandro comenzó su victoria sobre Darío III y su imperio. Aquí finalizó esta visión, es decir, esta guerra empezó a concluir, y poco después Alejandro murió en su propio lecho, no en la guerra ni por intervención de nadie (hay varias teorías sobre cómo murió, pero ninguna ha sido probada y las tres conocidas difieren la una de la otra, aunque coinciden en que no murió en la guerra sino en su "mansión", el palacio que había sido de Nabucodonosor), pero a Antíoco le sobrevino algo similar. Antíoco en su tiempo había profanado el templo de Jerusalem, y eso es tema ya bien sabido en la historia judía, donde incluso dicen que la abominación asoladora fue esa, en el año 168 a. C., y rechazan aceptar como tal la de los años 66 al 135 d. C., ya que saben que el contexto, de ser aceptado, dejaría claro que el Mesías reamente apareció en el siglo I d. C., aún así, no es del todo errada su interpretación.

V. VISIÓN DE LAS SETENTA "SEMANAS"

Uno de los capítulos de debate teológico por excelencia, en lo que respecta al profeta Daniel, es el 9; básicamente el final del mismo. Era el primer año del rey Asuero – posiblemente Jerjes I – cuando Daniel oraba por su pueblo por el pecado que cometieron y por el cual les vino el mal que había profetizado Jeremías. Rogado por su expiación y por que la misericordia de Iaheveh viniese sobre ellos para ser restaurados, vino el arcángel Gabriel y le hizo saber que la intercesión del profeta había sido oída y se habían determinado las pautas que tendrían lugar para redimir a su pueblo:

«Aún estaba hablando y orando, y confesando mi pecado y el pecado de mi pueblo Israel, y derramaba mi ruego delante de Iaheveh Elohei (mi Dios) por el monte santo de mi Dios; aún estaba hablando en oración, cuando el varón Gabriel, a quien había visto en la visión al principio, volando con presteza, vino a mí como a la hora del sacrificio de la tarde. Y me hizo entender, y habló conmigo, diciendo: Daniel, ahora he salido para darte sabiduría y entendimiento. Al principio de tus ruegos fue dada la orden, y yo he venido para enseñártela, porque tú eres muy amado. Entiende, pues, la orden, y entiende la visión.» (Dan. 9:20-23, R60)

El punto donde vienen los grandes enredos radica en los versos siguientes, especialmente por una cuestión de lengua hebrea y aramea, y juegos de palabras de dichos idiomas. Ya que escribir textualmente lo que dice Daniel en los siguientes versos es casi que volver a la misma base errada de la cual parten los intérpretes y teólogos, es trascendental aclarar que el uso de la transliteración hebrea es más necesario acá que en otras referencias. El versículo empieza escribiendo que «*Shbiim Shbiim dejatej al amej*», aunque también podemos escribir estas primeras palabras como "shabuim shibim", tal como lo recalcaron los masoretas, o simplemente "shabeim shabeim". El término arameo Shibím Shibím, que se traduce como 70 semanas, pero ¿qué significa esa definición? Tenemos en letras hebreas la Shin, la Beit, la Ain, la Yud y la Mem, pero dado que estas dos últimas denotan en la frase una plural – masculino, dicho sea de paso – nos centraremos de momento en las tres primeras. Las letras Shin y Beit son cognado de la forma 'Sheb' (sentarse, normalmente leído como 'Isheb' o 'Shebah'), que en arameo quiere decir 'anciano', y en hebreo forma 'Sib' (canoso, viejo); también es raíz de 'Shub' (regresar, retornar, arrepentirse). En cuanto a 'Shebah', que se asume como relativo a "sentarse", también traduce 'tomar' o 'llevar cautivo', si bien, todas estas palabras que no parecen necesariamente tener algo que ver con el contexto de lo que estamos leyenda acá.

Cuando a las letras Shin y Beit les agregamos la Ain cambian la idea para identificar la idea de saciar, satisfacer, abundancia; jurar; o siete. ¿Cuál sería el plural de estos? ¿Satisfacciones? ¿Abundancias? ¿Juramentos? ¿"Sietes"? Pero hay otro componente, y es que puede haber letras extra o conjugaciones que dan otro valor a la palabra, como 'Shbua', que es la misma definición, pero con una 'Vav' antes de la Ain, y que significa 'semana'. Esta conformación de letras es aceptada como aquella a la que se referiría Daniel, pero aún así, eso no explica cómo es que aparece dos veces, ya que se traduciría como "semanas semanas". Ergo, leemos "semanas", pero lo cierto es que es una forma contradictoria de referirse a esto, ya que, por ejemplo, la 'Fiesta de las Semanas' es llamada 'Jag Shabuot', no 'Jag Shabeím'. La finalización 'ot' es para plurales femeninos, y es el aplicable a "semana". Sin embargo, en Levítico 12:5 leemos que dice 'Shbaim' (los masoretas escribieron

'Shbuaim'), que traducen como 'dos semanas', ya que en hebreo y arameo, un plural, aunque no vaya acompañado de una unidad específica de cantidad, se entiende como dos cantidades o unidades.

En otros casos, en vez de decir "Shabuot" dicen "Shabatot" (Shin, Beit y Tau). ¿Por qué? Porque al ser el sábado el séptimo día, recibe el nombre de 'séptimo' (shabat). Lo mismo respecto de la semana, que es llamada "shabua", de "Sheba" (siete), es decir, sería algo así como "septenio" (en griego 'hebdómada', que significa "conjunto de siete"). Si miramos la Vulgata, nos dice "septuaginta ebdomades" (setenta septenios). ¿Y si nos está hablando de setenta conjuntos de siete? Dentro de la numerología cabe entenderse en una alta probabilidad que esto pudiese tratarse – entre otras cosas – de un cómputo de "70 x 7", o sea, 490, que podría ser el tiempo transcurrido desde el regreso de la deportación a Babilonia hasta el Mesías. En el 538 a. C. los judíos pueden regresar, y en el 515 se completa la reconstrucción del templo (lo cual suma 70 años desde que en el 586 a. C. Nabucodonosor los había llevado cautivos, como advirtió Jeremías), por lo que 490 habrían finalizado sobre el 48 a. C., que es el periodo de finalización del sacerdocio hasmoneo y el inicio del reinado herodiano. Si por el contrario, se aceptase el cálculo desde la reconstrucción del templo (515 a. C.), los 490 años se cumplirían efectivamente en el tiempo del nacimiento de Jesucristo, cerca del año 25 a. C.

Si se tiene en cuenta que Herodes murió en el año 4 a. C., y en esos días José el carpintero residía con su esposa y Ieshua (Jesús) en Egipto, hay que agregar que ellos ya vivían en Belén años antes, cuando tuvieron que huir por la masacre de los niños. Según el Ev. Amonio, ese tiempo en Egipto fueron 7 años, y si Herodes fue informado por los astrónomos de la fecha de la señal sobre el Mesías que le hizo buscar niños menores de 2 años, podemos considerar que Ieshua debió nacer sobre el año 12 a. C., que es muy cerca del cálculo de los 490 años. No solo eso, es también bastante cercano a la fecha en que el propio Herodes inició las mejoras del templo (19 a. C.). Pero entonces, ¿las

7-70 eran 490 años? si el cómputo es acertado, podría estar estrechamente relacionado, pero no es el único punto a considerarse. Si leemos 'Shbua' como semana, y 'Shbaim' como semanas, ¿cuál es el plural de 'Shbuah' (juramento)? Ezequiel 21:23 usa las palabras "Shbuei Shbuot", ¿siete semanas? Parece que no. La interpretación y contexto que engloba el diálogo habla de 'solemnes juramentos', que extrañamente la Vulgata tradujo como 'sabbatorum otium' (siendo 'otium' la raíz del inglés 'oath' (juramento), pero 'sabbatorum' alusión al Shabat). También Habacuc 3:9 escribe 'Shabuot' en el sentido de juramentos o maldiciones.

Algunos interpretan que la referencia de "semana" es relativa a "siete" años, dadas las relaciones de estos términos con el 7, y eso podría relacionarse con el cálculo realizado por algunos, y que he mencionado hace un momento. A pesar de esto, he de aclarar que se ha supuesto esta relación por un pasaje de Génesis 29:18, donde dice «*abadeja shba shanim*», es decir, «*te trabajaré siete años*», donde la palabra 'Shba' no solo significa "siete" sino que es la raíz de "semana" (es decir SIETE [días]), y por ello, antes de significar "semana", significa simplemente "7". Aparte de esto, quiere decir "juramento" o "conjuración", razón por la cual en los modismos y cultura hebrea, se usaba el número 7 como algo sagrado, de juramento, algo pragmático o sellado, algo relacionado a maldición, algo determinante o magno. De ahí que en el verso 27 dice «*malé shbua*» (suficiente juramento), para referirse al hecho de completar el "7" acordado, aunque hayan traducido "la semana de esta".

En consecuencia, si el texto de Daniel hablase de 70 semanas, englobaría literalmente estos hechos en cerca de un año y cuatro meses (490 días). Debido a todo lo que refiere seguidamente Daniel, eso no tiene mucha lógica. Si asumimos que fuesen "maldiciones", eso tampoco tiene mucho sentido. Si nos hablase de juramentos, ¿cómo deberíamos de entenderlo? Como he dicho, en hebreo tenemos plural masculino "im" al final de una palabra, y plural femenino "ot" al final de una palabra. Primeramente Shbim, Shabim o Shabuim son conjuraciones, juramentos o setenta, mientras Shiot, Shabiot o Shabuot son semanas. A simple vista, sin nekudot (puntos agregados por los masoretas), las dos palabras se leerían igual. La relación de la raíz es la misma "7", tanto en hebreo como en arameo, y de ahí parte la idea del concepto de 7 como un ciclo o complejo magno de algo ya que combina la idea de un ciclo semanal (7 periodos de luz) con un juramento. Shbim shabim podría ser más acertadamente "70 conjuraciones", que en un sentido simbólico se puede entender como 70 pautas relacionadas con cómputos y ciclos (de ahí su relación con la palabra "shabua", es decir, semana, y con los posibles 490 años desde Ciro I, o desde le reconstrucción del Templo).

Es más, si el cómputo de tiempo se calculase bajo el prisma de 70-70, nos daría 4900 respecto de lo que esto sea para los entendidos en numerología y ciclos astronómicos, y que podría tratarse de 4.900 días (casi 13 años y medio), o 4.900 semanas (700 años). Este último galimatías aritmético podría ser también el tiempo transcurrido desde la orden de Ciro (538 a. C.) hasta la expulsión de los judíos de su tierra (135 d. C.), aunque sobrarían algunos años, dado que los 700 se cumplirían cerca del 162 d. C. pero dejando ya a un lado tantos números, analicemos qué era eso que debía llevarse a cabo o cumplirse. Según la traducción de Reina Valera, de 1960, diría:

«Setenta semanas están determinadas sobre tu pueblo y sobre tu santa ciudad, para terminar la prevaricación, y poner fin al pecado, y expiar la iniquidad, para traer la justicia perdurable, y sellar la visión y la profecía, y ungir al Santo de los santos.» (Dan. 9:24)

El texto original nos habla de 6 cosas: 1º. Jala hapesha (atrapar la transgresión), 2º. Lejatem [lehatem] jataot [jatat] (sellar el pecado), 3º. Lekaper on (cubrir la culpa), 4º. Lehabia tzedek olamim (traer justicia-rectitud de los eones), 5º. Lejatem jazon venebiá (sellar visión y profecía), 6º. Lemashej kodesh kodashim (ungir el santo de los santos). Respecto del primer punto, sabemos que Ieshua se hizo con la transgresión (ya que "jala" es encarcelar), como había profetizado Isaías, afirmando que *«habiendo él cargado las transgresiones de todos nosotros.»* (cap. 53:6) ¿Quiénes son "todos nosotros"? Isaías era judío, y hablaba de su pueblo, como le fue dicho a Daniel: *«sobre tu pueblo...».* ¿Cómo atrapa Ieshua la transgresión? Se ofrece él mismo como sacrificio, y los cristianos recordamos esto como el "sacrificio del cordero", analogía de la sangre del cordero de la Pascua en Egipto, que el propio Jesucristo celebró la noche en que fue entregado, cuando bendiciendo el vino dijo, *«Bebed de ella todos; porque esto es mi sangre del nuevo pacto, que por muchos es derramada para remisión de los pecados.»* (Mat. 26:27-28, R60). ¿Y por qué dijo esto? Porque cumplía lo dicho por Daniel en el verso siguiente, que, como veréis, anuncia un nuevo Pacto, aquel de que también advirtió Jeremías:

«He aquí que vienen días, dice Iaheveh, en los cuales haré nuevo pacto con la casa de Israel y con la casa de Judah. No como el pacto que hice con sus padres el día que tomé su mano para sacarlos de la tierra de Egipto; porque ellos invalidaron mi pacto, aunque fui yo un marido para ellos, dice Iaheveh. Pero éste es el pacto que haré con la casa de Israel después de aquellos días, dice Iaheveh: Daré mi ley en su mente, y la escribiré en su corazón; y yo seré a ellos por Dios, y ellos me serán por pueblo. Y no enseñará más ninguno a su prójimo, ni ninguno a su hermano, diciendo: Conoce a Iaheveh; porque todos me conocerán, desde el más pequeño de ellos hasta el más grande, dice Iaheveh; porque perdonaré la maldad de ellos, y no me acordaré más de su pecado.» (Jer. 31:31-34, R60)

El pacto del que habló Daniel es el "nuevo pacto". El texto arameo no dice "confirmado" sino Gabir, que quiere decir "fuerte", refiriéndose a que habrá un pacto poderoso, apoyando otras profecías de un nuevo pacto, mejor que el anterior. Ese pacto inicia con Ieshua y la sangre de ese nuevo pacto. Respecto del segundo punto mencionado, el de "sellar el pecado", se podría interpretar que tiene que ver con la muerte de Cristo, acorde a la ley de Moisés, ¿y entonces lo anterior? El uno se refiere a la violación de la ley de Moisés que quedada invalidada por el Nuevo Pacto, y la otra se refiere a controlar y dar final al poder de las fuerzas del destino que efectúan los "efectos" a las "causas" que llamamos pecado. Luego en el tercer punto habla de "cubrir la culpa", que es el hecho de proteger las culpas realizadas por la persona, ¿en qué sentido?

En que el "currículo" – por así decirlo – de la persona no es manchado por sus acciones erradas, y el individuo es cubierto y protegido, defendido y justificado. Los kerubim sobre el Arca de la Alianza cubrían con sus alas todo el receptáculo, que poseía los símbolos del poder (la vara de Aarón), la ley (las dos tablas) y la verdad (el maná). El concepto hebreo de "lecaper", implica encargarse de algo, protegerlo y guardarlo. El Mesías es en quien preside redimir o no los pecados, y es el abogado de sus siervos para cuando ellos yerran, porque él les defiende justificándoles. Por eso Ieshua fue a vivir a Cafarnaúm antes de iniciar su ministerio, pues 'Kaper-Najum' significa "cubrir [haciendo de] consuelo", o "cubrir consolando". Estos tres puntos de los 6 que habían de cumplirse entre esos 62 (de las 70) son claramente estricta y decididamente relativos a las últimas horas de Cristo antes de ser consumado todo (cuando dijo, «*consumado es*»).

Respecto del 4º punto, sabemos también que el Mesías trajo la verdad del reino de los cielos, las enseñanzas sobre la justicia y la rectitud, y el legitimar de la ley (no vino a abrogar sino a cumplir). Luego tenemos la 5ª, que es el contexto donde se sella toda la visión y la profecía, en un sentido elemental el cumplimiento de las profecías sobre la venida del Ungido, pero en un sentido más profundo es "sellar" las "profecías" y "visiones" sobre el plan de Iaheveh respecto de la humanidad. Es decir, a Daniel le dijeron que esto era el tema del fin, diciéndole "esto está sellado hasta el tiempo del fin", más dichos sellos fueron liberados por el Cordero y anunciados a su siervo Juan, para que venga el fin y la justicia y paz eternas. Además de esto, la misión de Ieshua no era solamente enseñan la "justicia eterna" y dar su vida en rescate por muchos y cubrir sus faltas, sino completar el proyecto completo – valga la redundancia – que influye completar las cosas decisivas que habrían de venir con el Mesías para dar fin a esta era.

Por último, el 6º punto nos habla de la unción del lugar santísimo que se realizó cada vez que el templo era reconstruido, pero como sabemos, el Tercer Templo hecho por hombres no es el templo verdadero, sino el que viene del cielo: la Nueva Jerusalén. No está del todo claro si la interpretación elemental de esto es la correcta, ya que podría tratarse de varias cosas: primero, podríamos suponer que se refiere a la purificación del templo, pero eso no tuvo nada que ver con Ieshua y es anterior a él; segundo, podría referirse a Ieshua como símbolo del sancta sanctorum, pero sería solo una interpretación; tercero, ungir la Nueva Jerusalem, pero no hay prueba alguna que respalde esta teoría; cuarto, ungir a un representante de Dios, que sería sumamente santo, pero ¿qué sentido tiene esto y qué tiene que ver con la cuestión? A pesar de esto podríamos considerar que la segunda opción pudiese ser acertada, no tanto por representar Ieshua el santa sanctorum, sino por poder recibir el título de "santo de los santos", o por lo que se podría leer del hebreo como "al Mesías santo de santos".

Tenemos que las 70 conjuraciones se organizan en tres grupos (7 y 62, y 1), empezando las 7+62 desde que sale la orden para restaurar y reedificar Jerusalem (cerca del año 539 a. C.) hasta el Mashij nagid (ungido príncipe, o sea, el Mesías), que fue en el año 11-13 a. c., aprox., hasta el 25-27 d. C., aprox. Podría ser correcto considerar que las 7 primeras fueron desde la orden de Ciro I hasta la reconstrucción del templo, asumiendo que la etapa macabea y hasmonea entran en ese periodo en que estos eventos deben tener lugar hasta los 62 que cumple el Mesías. Aquí ya tenemos el cumplimiento de las 69, y solo faltaría 1. Es notorio que al dividirlos en 7 y 62, está asumiendo que tratan dos grupos de cosas distintas, el regreso de los judíos de Babilonia y la reconstrucción del muro de Jerusalén y el templo son las primeras 7 shibím, y luego la misión del Mesías, las otras 62 shibím, siendo cosas planificadas de parte la deidad, aunque tuviesen contextos diferentes.

Estas estaban determinadas sobre dos cosas: 1. su pueblo (los judíos) y su santa ciudad (Jerusalem), ya que al decir "tu", se refieren a Daniel, y el vocablo hebreo Amej es "tu pueblo", siendo Daniel judío. Daniel pertenecía a los nobles que fueron llevados para hacer parte de los asesores de Nabucodonosor y en esencia estos hechos eran primeramente relativos al pueblo judío: con ellos empezó la ley del Sinaí (el antiguo pacto), y como Jeremías dijo, con ellos vendría una nueva alianza (un nuevo pacto).

«Sabe, pues, y entiende, que desde la salida de la orden para restaurar y edificar a Jerusalén hasta el Mesías Príncipe, habrá siete semanas, y sesenta y dos semanas; se volverá a edificar la plaza y el muro en tiempos angustiosos. Y después de las sesenta y dos semanas se quitará la vida al Mesías, mas no por sí; y el pueblo de un príncipe que ha de venir destruirá la ciudad y el santuario; y su fin será con inundación, y hasta el fin de la guerra durarán las devastaciones.» (Dan. 9:25-26, R60)

Observamos en este verso 25 la confirmación de lo dicho con anterioridad, y el énfasis al final de la frase, *«en tiempo angustiosos»*, pues engloba los conflictos entre persas y griegos, conflictos que en determinados momentos también afectaron a los judíos. Mas, ¿qué sucede después de este periodo macabeo-hasmoneo, cuando ya los persas no estaban, ni los griegos fueron un problema? Llega el periodo del Mesías, que es bajo la ocupación del emergente nuevo imperio: Roma. El texto no dice que aparece el Mesías y posteriormente es asesinado, sino directamente dice que es "asesinado", pero, ¿cómo llega a ser asesinado y dónde? ¿En qué momento aparece primero en escena para seguidamente ser muerto? Esto refuerza la explicación anterior de que el Mesías es lo relativo a las 62 shabeim, que estas empiezan con su aparición y concluyen con su asesinado. A Daniel le aclaran que esta muerte "no es por sí", o sea, no es así porque sí, hay una razón de ser, algo detrás, un propósito, y gira – como ya los cristianos sabemos – en consonancia a la obra del propio Mesías. Aún así, el pasaje hebreo realmente dice, *«ve ein lo»*, que RVA 95 traduce *«y nada ya le quedará*», mientras que el griego escriben «*y no estará*» o «*y no será juzgado*». Básicamente «*ve ein lo*» es "y no tiene", que puede entenderse como "y no estará" o "y no lo tendrán".

Así pues, en ese periodo de tiempo «*se volverá a edificar la plaza y el muro*», agrega, «*en tiempos angustiosos*», que fue en plena guerra entre las dinastías persas y las tropas de Alejandro, incluida la distribución del poder entre sus reyes (su poder pasó a sus 4 generales (Dan. 11:4)) durante la lucha de los hermanos macabeos y la posterior asamblea hasmonea hasta el reinado de los Herodes. Entonces continúa la historia: «*Y después de las sesenta y dos semanas se quitará la vida al Mesías, mas no por sí...*» Habla del asesinado del Mesías, y luego «*y el pueblo de un príncipe que ha de venir destruirá la ciudad y el santuario; y su fin será con inundación, y hasta el fin de la guerra durarán las devastaciones.*» ¿Un príncipe? Sí. La invasión de Judeah fue durante un cambio de poder en Roma (el supuesto suicidio de Nerón) y la conspiración tras la muerte de Galba y de Otón. El emperador Vespasiano fue proclamado rey, y en consecuencia, su hijo Tito (príncipe) fue enviado por su padre a terminar con la escalada que había empezado contra Judeah (donde Jerusalem había sido sitiada). La inundación fueron las legiones romanas, y las devastaciones fue la muerte de más de un millón de judíos y prosélitos que habían subido a aquel Pesaj (Pascua), involucrados en las tres guerras que destruyeron la identidad y nación del pueblo judío por casi 1800 años (hasta la declaración Balfour).

Durante todo ese periodo de tiempo, desde las 62 conjuraciones que cumple el Mesías, «*confirmará el pacto con muchos*». Ese pacto es la Nueva alianza que por muchos fue establecida para perdón de los pecados. Y al final de ese periodo del nacimiento e impulso del cristianismo, ocurrió el desastre: «*hará cesar el sacrificio y la ofrenda.*» Después de la derrota de las tropas judías al norte, Judeah fue tomada y Jerusalem sitiada, pero un dato memorable en la historia de los judíos y de Israel hasta hoy fue el fin de la liturgia sacerdotal. El sitio de

Jerusalem y la guerra obligó al sede de los sacrificios rituales y las ofrendas en el templo, que nunca más se volvieron a realizar (pues los soldados romanos encontraron una fisura en la muralla y a reventaron, entraron a la ciudad y masacraron a todos, incendiaron el templo y se desplomó). Cuando uno lee la Vulgata incluso es más explícita, diciendo literalmente, «*[el fin de] las hostias y los sacrificios*».

La parte siguiente es lo ocurrido unos 30 años más tarde. Agrega, pues, que *«un príncipe que ha de venir destruirá la ciudad y el santuario»*, hablando de los hechos ocurridos desde el año 66, cuando el príncipe (Tito) destruyó Jerusalem y el templo. Luego augura asimismo el final de estos episodios abominables como una inundación - de legiones romanas -, y hasta el final de las Shmemot (desolaciones) en la segunda guerra judeo-romana (115-117 d. C.) y la tercera guerra judeo-romana (132-135 d. C.). La toma de Judeah era casi el final de la sofocación de la rebelión judía contra el imperio romano en la primera guerra abierta y oficial entre los judíos y el imperio. La campaña fue dirigida por Vespasiano, encargado de acabar con los rebeldes, pero al llegar sus tropas para sitiar Jerusalem, Nerón muere, supuestamente por suicidio. Vitelo derrota a Otón, quien había asesinado a Galba, sucesor de Nerón, y Vespasiano mandó sus tropas a Italia mientras él aseguraba los suministros de grano en Egipto. Durante este tiempo de caos en Roma, cae Vitelio y el Senado proclama posteriormente a Vespasiano como emperador. Cuando Vespasiano dejó su toma de Jerusalem, puso a su hijo mayor, Tito, al mando de las tropas y la misión de victoria sobre Judeah.

Esta cita que nos habla del "fin" con inundación no es una literalidad, sino una metáfora. El "fin" con inundación es un eufemismo para referirse a "arrasar". Consideremos los hechos, 3 legiones romanas (cada una de casi 5.000 hombres), son 15.000 soldados de infantería: La XII Fulminata tenía 5.120 infantes y 120 jinetes, la V Macedonica tuvo entre 5.000 y 6.000 hombres, y la XV Apollinaris tuvo 3.500 hombres más auxiliares. Tras arrasar la revuelta judía en el norte y luego en Judeah, estas unidades llegaron a Jerusalem arrasando y aplastando toda oposición. Esa era la 'Shtef' (inundar, arrasar) de la que habla el texto. El verso no habla de 'Mabul' (diluvio), como algunos han tratado de sugerir, sino de 'Shtef' (inundar, lavar, arrasar). Los eruditos dicen que en Daniel 9:26 la idea aduce a algo impetuoso, aunque RVA lo entiende como "cataclismo". Un ejemplo con la misma palabra en Proverbios 27:4, en la composición, *«shétef af»*, traduce "aluvión del furor", eufemismo para decir "impetuoso furor"; O sea, arrasar con algo de manera impetuosa. Entonces dice que *«hasta el fin de la guerra durarán las devastaciones»*, ya que está aclarando que ese "aluvión" es una invasión militar, un contexto de enfrentamiento bélico, y que todas las desgracias que habían de acontecer sobre los judíos seguirían hasta que definitivamente concluyese la guerra del todo, cosa que tuvo lugar en el año 135 d. C., cuando los judíos fueron expulsado de su tierra.

«Cumano ordenó a todas las tropas que, tomando las armas, se concentraran en la fortaleza Antonia la cual, como dijimos, domina al Templo. La multitud, a la vista de los soldados, aterrorizada, se apresuró a huir; como las salidas eran estrechas y creían que los enemigos los perseguían, muchos de ellos perecieron en estos lugares angostos. Hubo 25.000 muertos en aquel tumulto; de manera que la festividad se convirtió en fecha de luto, de tal manera que todos, olvidados de los sacrificios y de las oraciones, se pusieron a lamentarse y gemir.» (Antigüedades de los Judíos 5:3, Flavio Josefo) Hasta esos días también cesaron los "sacrificios continuos" a Nerón por orden de Eleazar ben Hanania, encargado del cuidado del Templo, coincidiendo, todo esto, con Daniel. A partir de este punto no se celebraron más sacrificios, dado que esta revuelta, aunque fue la primera de tres guerras decisivas entre judíos y romanos, fue la que llevó como resultado el incendio y seguida destrucción del templo (sin templo no hay sacrificios, porque ahí estaba el altar de las ofrendas y holocaustos) unos 3 años y medio después (en el 70 d. C.).

« Y por otra semana confirmará el pacto con muchos; a la mitad de la semana hará cesar el sacrificio y la ofrenda. Después con la muchedumbre de las abominaciones vendrá el desolador, hasta que venga la consumación, y lo que está determinado se derrame sobre el desolador.» (Dan. 9:27, R60)

Con este último versículo concluye este tema, pero como en los casos anteriores, la traducción no es del todo fiable. Hay versiones que dicen que aquel que tomaría la ciudad y acabaría con todo sería quien "confirmaría" este pacto y haría cesar el sacrificio y la ofrenda, nada que ver con la versión hebrea. Podemos leer que dice *«vehagabor brit lerabim shbua ajad»* (y un mayor pacto [habrá] para muchos [en] una conjuración), es decir, empieza un nuevo pacto con muchos (incluyendo a los gentiles). Entonces llegados a la mitad de este ciclo de "7" es cuando se detienen los sacrificios, es decir, servicios del templo (año 66 d. C.), porque desde esa misma Pascua, de aquel año, nunca más, hasta el día de hoy, se realizaron sacrificios de animales ni todos los demás rituales levíticos, ni hubo más templo. ¿Por qué? Porque debía cumplirse, ya que no tenían sentido ya más sacrificios, puesto que Cristo fue el sacrificio verdadero y último. La finalización de la existencia del templo fue el siguiente punto de este Nuevo Pacto, porque ahora muchos habían de aplicar el concepto de "templo" a su propio cuerpo. La primera mitad de la última Shbua es la obra de Cristo y sus apóstoles hasta el sitio a Jerusalén.

El principio de la última semana fue el periodo del cristianismo desde la ascensión de Cristo y pasó por este tiempo de destrucción de Judeah. El final de esa semana se termina ahí, donde entra la siguiente secuencia de eventos, que es la que vaticina Juan, pero debe cumplirse con la destrucción del "desolador" que desoló Judeah, es decir, Roma (el imperio Vaticano, etc.). Entonces lo que quiere decir que en ese periodo afirmaría-fortalecerá (no "confirmaría", como tradujeron) un "Nuevo Pacto" (iniciado con la Última Cena (años 27-33 d. C.), y se afirmó el movimiento cristiano que empezó y se consolidó por la obra apostólica y la manifestación del Espíritu Santo), establecido para muchos. Ese Nuevo Pacto entra dentro de esa última Shbua de las 70, y su final es la otra "jetzi" (mitad), donde cesan los sacrificios y las ofrendas (años 66-70 d. C.), y el desolador (Roma) viene con toda la multitud de las abominaciones (cosa que incluye la idea de profanación, desde personas, a ciudad santa y templo con todas sus cosas sagradas), cuestión que siguió por dos guerras más hasta acabar con la oposición judía y expulsar a nuestro pueblo de Judeah.

El pacto no se confirma. En hebreo 'confirmar' es Leasher, y ahí no dice Leasher sino Ha.Gabir (fortalecer, afirmar, reforzar, el fuerte, hacer fuerte). El pacto se "establece" y "afirma" durante el siglo I d. C. con el movimiento cristiano que se hace "fuerte". El Nuevo Pacto que nació y se fortaleció con la obra del cristianismo es de lo que está hablando. El continuo sacrificio realizado en el Altar cesó horas antes del sitio a Jerusalem, en la Pascua del año 66 d. C. Ve.ha.gabir = "ve" es lo que para nosotros es la conjunción copulativa "y"... ejemplo: "él y tu", el gato y el perro", "arriba y abajo" // "ha" es el artículo que para nosotros es "la", "el", "los", "las" // "Gabir" es la conjugación de 'Giboa' (fuerte, grande), en la forma "fortalece" // "Brit" es pacto o alianza // "la" es sobre o hacia // "rabim" es muchos o grandes // "shabua" en este casi sí es "semana", mientras en los otros casos aparece "Shabim" y "shabim" (setenta, juramentos) // "ajad" es uno o único. Entonces aquí solo dice "y el fortalecer pacto sobre muchos semana uno". Dado que es literal, hay que comprender la sintaxis, cosa que no te da un traductor y que no necesariamente conoce un traductor no hebreo: "y se fortalece-crece un pacto para muchos en una semana".

Pero, ¿qué pasó en la otra mitad de la "semana"? «*Despúes, con la muchedumbre de las abominaciones vendrá el desolador, hasta que venga la consumación, y lo que está determinado se derrame sobre el desolador.*» (Dan. 9:27, RVA 60) Así fue, una vez suspendidos los sacrificios en el templo, vino la desolación: toda Judea bajo fuego, millones de muertos judíos, destrucción de la gran muralla, destrucción de Jerusalén, destrucción del templo y expulsión definitiva de los judíos. El final de Judea fue "como" inundación, porque nunca los judíos se habían enfrentado a tantos ejércitos. Roma era prácticamente invencible, y los judíos, que ya habían vencido contra fuerzas gálatas, helenas y egipcias, creían que sus primeras victorias contra los romanos al norte terminarían bien. Una vez Roma vence a Judea, "arriba" se determina cuál será su fin.

El pasaje hebreo no dice "después, con la muchedumbre". Escribe *«ve.al knaf»* (y sobre el ala), que es una designación hebrea usada para referirse al Templo de Jerusalem. El texto dice *«ve.al knaf shikutzim meshomem»*, que quiere decir, "y sobre el ala habrá abominaciones asoladoras". Ya antes del incidente Arquelao había hecho morir a muchos de los que estaban trabajando en los servicios de preparación de la Pascua, aunque algunos consiguieron huir a los montes. Después de esto, como había dicho Daniel, fue tomada la ciudad, ya que el cese de los servicios se dio varias veces hasta pararse definitivamente tras la prolongación del cerco de la ciudad. La profecía indica que el lugar santísimo sería profanado, y no solo eso sino asolado con todo tipo de cosas abominables, detestables o "diabólicas". La última Shbei empezó con la Pascua del cordero y terminó con la destrucción de Judeah, y esa destrucción, como describe Flavio Josefo en 'Las Guerras de los Judíos" fue inimaginable, con una mortandad de cerca 1 millón de judíos y prosélitos que había subido a aquella pascua. Él define esto objetivamente como una "asolación":

*«Tito, como hombre que sabía las vueltas de la guerra, disimulaba en silencio las importunas voces de los soldados; después, cuando la ciudad fue tornada por fuerza de armas, muchas veces me requirió que del saco de mi tierra tomase todo lo que quisiese, que él me daba licencia; pero yo, ya que **mi tierra era asolada**, no tuve otro mayor consuelo en mis desventuras que el pedir las personas libres, las cuales, juntamente con los libros sagrados, me concedió el emperador de buena voluntad.»*

«...*__toda Judea estaría, sin que alguno quedase, destruida y asolada__*...»

«*No podré contar particularmente las maldades de todos éstos, y para decir de lo mucho que querría lo menos que podré, **no pienso que hubo ciudad en algún tiempo en todo el mundo que tal sufriese**, ni creo que hubo nación en el mundo tan feroz y tan bastante para toda maldad y bellaquería: maldecían también, finalmente, a los mismos judíos, por parecer menos impíos y menos malos contra los extranjeros; pero confesaron todavía lo que eran, es a saber, siervos, esclavos y gente bastarda, sin honra y sin nobleza; no judíos naturales, sino generación mala y muy perversa. Ellos mismos, en fin, **destruyeron la ciudad**, y fueron causa de que __los romanos hubiesen esta triste victoria, y asolaron ellos mismos la ciudad__, y **trajeron el fuego al templo**, que no viniera tan presto, casi con sus propias manos. Habiendo, pues, éstos visto arder la parte alta de la ciudad, ni se dolieron, ni por ellos les salió lágrima, hallándose entre los romanos quien por ello se dolía y __le pesaba de tal destrucción__*...»* (Las Guerras de los Judíos. Tito Flavio Josefo. Año 90 d. C.)

«*Según Flavio Josefo, las causas inmediatas de la revuelta, en 66, fueron un sacrificio pagano ante la entrada de la sinagoga de Cesarea Marítima, seguido por el desvío de 17 talentos del tesoro del Templo de Jerusalén, por el procurador Gessius Florus. El acto decisivo que significó la ruptura con Roma fue la decisión de Eleazar ben Hanania, encargado del cuidado del Templo, de no aceptar más el sacrificio cotidiano para el emperador.*» (Wikipedia)

Aquí cesa el continuo sacrificio y es profanado (abominación) el templo, con esa "asolación" legionaria. La Septuaginta es más explícita aún en el contexto, diciendo que el ataque vino sobre el «*[lugar] santo*», es decir, el templo, y lo reitera la Vulgata, que directamente dice «*en el templo*». Como dije, la versión original, la hebrea, dice «*sobre el ala*», que en la cultura hebrea se refería simbólicamente al lugar santísimo (el sancta sanctorum), donde estaba el "ala" (símbolo de protección) de Dios representada en las alas de los kerubim que cubrían el propiciatorio donde se guardaba la vara de Aarón, el decálogo y una porción de maná (es decir, lo más sagrado que el mundo tenía y que había sido dado de Dios a Israel como símbolo de la alianza con este pueblo). El texto original solo dice que sobre el ala caerían «*abominaciones detestables*», y el concepto se refiere a la idea que tenían los hebreos por Moisés de profanar algo sagrado. Esto ya había ocurrido en el año 168 a. C., cuando Antíoco IV Epífanes "profanó" el templo (1ª Mac. 1:54, 6:7), y que es lo que los rabinos enseñan que fue la abominación desoladora predicha por Daniel, pero dicho evento no fue el único que entra dentro de la descripción de una "abominación" de "desolación".

La Abominación Asoladora es una situación. El asolador es una entidad. En Daniel aparecen varios usos de "abominación" y "asolación", a saber, 'Shikutz Mishmem' (Abominación que Asola, Abominación de Asolación), 'Shikutzim' (Abominaciones, Detestables), 'Shikutz Meshomem' (Abominación Asoladora), 'Shmem' (Asolador, Desolador), 'Shikutzim Meshomem' (Abominaciones Asoladoras). Respecto del 'Shmem' (asolador), dado que es Roma quien "asola" la región y cumple todo esto, ella es el Asolador. El texto anuncia un Nuevo Pacto que inicia y fortalece el Mesías, la destrucción del Segundo Templo tras la venida del Mesías, y advierte que quien lleva a cabo todo este sacrilegio recibirá sobre él lo determinado al final. La finalidad de las 70 conjuraciones era restaurar el Lugar Santo (las primeras 7), cubrir la iniquidad y eliminar el pecado, así como sellar la visión y la profecía (las 62 que desarrolló el Mesías), y empezar el Nuevo Pacto, mientras en la misma época se desencadenaba la destrucción de Jerusalem (la Shabua), que es el parámetro clave para definir el inicio del final de los tiempos según lo profetizado.

El texto nos dice «*iashbit, zebej ve.minjah*», es decir, «*cesa, sacrificios y tributos*». Dado que el texto tiene una línea divisoria en el original, podría asumir se que quisiera decir que el Nuevo Pacto se fortalece y ahí finaliza la primera mitad de una Shbua (el último programa de 7 pautas), y entonces los sacrificios y regalos u ofrendas al altar, así como el lugar santo en sí, sería abrumado por cosas detestables y abominables. En cualquiera de los casos, el sitio frena los servicios sacerdotales y litúrgicos que hasta entonces se realizaban, y podríamos haber profundizado más en esto de no ser por el lamentable hecho de que los rollos de Daniel del Qumran solo suponen un 48% de su contenido, y justamente estos últimos versos del capítulo 9 no se conservan – y esto nos habría brindado la posibilidad de buscar alguna traducción de los fragmentos para hacer un análisis comparativo -.

«Las saetas y dardos que tiraban, con la fuerza de las máquinas e ingenios que tenían, llegaban hasta el templo y hasta el altar, y daban en los que estaban allí celebrando sus sacrificios; y muchos que habían venido de las últimas partes del mundo con gran diligencia por ver el lugar santísimo, fueron muertos estando delante del altar y de los sacrificios: y llenáronlo de su sangre, como debiese ser muy adorado por todos los griegos y los bárbaros.»

«Aconteció, pues, a la postre, que todo lo que había alrededor del templo fue quemado, y fue hecha la ciudad plaza o campo para pelear los mismos naturales y ciudadanos de ella; y fue quemado casi todo el trigo, que pudiera haber bastado para muchos años a los cercados: fueron finalmente vencidos y presos por hambre, lo que no fueran, si ellos mismos no se lo causaran y hubieran buscado. El pueblo estaba dividido en partes, no menos que si fuera un cuerpo grande, siendo combatida la ciudad, parte por los bellacos y traidores que entre ellos había, y parte también por los vecinos y gente que cerca moraban.» (Las Guerras de los Judíos, Tito Flavio Josefo)

Aunque Josefo no vivía ya para el tiempo en que se sucedieron la Segunda y Tercera guerras entre judíos y romanos, por otras fuentes se conoce el desastroso final que tuvo el pueblo hebreo en su tierra. El templo fue destruido en la Primera guerra, en el año 70, cuando, y para la primavera del año 71 Tito parte hacia Roma legando el resto de sedición a Lucilio Baso, y luego este a Flavio Silva. Sin altar no hubo más sacrificios, sin templo no hubo más ofrendas, y así es hasta hoy que sigue sin haber templo en Jerusalem. Este fue el castigo que cayó sobre los judíos, y esa abominación no finalizó en esa guerra, sino que el Desolador (Roma) acabó con toda resistencia a lo largo de casi 70 años más, o sea, «*hasta que venga la consumación*», cuando todo debía completarse, cumplirse.

«En el verano del año 70 los romanos, tras romper las murallas de Jerusalén, entraron y saquearon la ciudad. Atacaron en primer lugar la Fortaleza Antonia y seguidamente ocuparon el templo, que <u>fue incendiado y destruido</u> el día 9 del mes judío de Av del mismo año; al mes siguiente cayó la ciudadela de Herodes.»

*«Tras la revuelta, **toda Judea se convirtió en una provincia en ruinas**, con <u>una Jerusalén reducida a escombros y el Templo destruido</u>. Según el autor judeorromano Flavio Josefo, aproximadamente 1'100.000 judíos murieron y 97.000 fueron capturados y esclavizados; los cálculos actuales estiman el número de muertos entre 600.000 y 1'300.000 judíos. Desde el punto de vista histórico, la derrota de los judíos fue una de las causas de la Diáspora —numerosos judíos se dispersaron tras perder su Estado y algunos de ellos fueron vendidos como esclavos en diferentes lugares del Imperio romano—, y **una de las mayores catástrofes de la historia judía, que acabó con la historia del Estado judío en la antigüedad**. Por otro lado, <u>desde el punto de vista religioso, la destrucción del Templo de Jerusalén supuso la pérdida espiritual más importante de los judíos,</u> que todavía hoy recuerdan en el día de duelo de Tisha b'Av.»* (Wikipedia)

La traducción en español en el punto siguiente dice: «*Después con la muchedumbre de las abominaciones vendrá el desolador...*» Y agrega, «*hasta que venga la consumación, y lo que está determinado se derrame sobre el desolador.*» El desolador es Roma, el imperio que, como describen otros textos hebreos, es el último imperio que debe quedar hasta el tiempo del fin. Con la caída de Roma (no como ciudad, sino como estructura) finalizarán «*los tiempos de los gentiles*» (Luc. 21:24).

Así que hay algo ya determinado que ha de caer sobre aquel desolador, pero dado que aún no ha tenido lugar este castigo, debemos verlo como algo futuro: la caída de la gran Babilonia (la gran Ramera). Entonces, entre los años 66 y 70 del siglo I d. C. los intentos por ayudar, como las recaudaciones de las iglesias por petición de Pablo, no sirvieron de mucho (2ª Cor. 9:7) y se puede saber por la historia cómo fue el reinado de Tito y su sucesor, y cómo Roma sigue desde entonces en el poder, directa o indirectamente, pasando su hegemonía a Vaticano y los jesuitas.

Véase como se vea, fueron eventos antiguos. Cuando uno lee Daniel 9 también ve lo mismo, contando desde el capítulo 24 como resumen de los eventos desde el regreso de los judíos (solo 70.000) por medio del decreto de Ciro (año 537 a. C.), hasta la reconstrucción del templo y su santificación (519 a. C.) desde los días de Zorobabel hasta Esdras y Nehemías. Luego el capítulo 25 enfatiza este proceso incluyendo la primera manifestación del Mesías (Ieshua, en el año 25 d. C., aprox.) y la reconstrucción de la ciudad, la plaza principal, el muro y el inicio de la erección de los cimientos del templo. Posteriormente el capítulo 26 menciona el asesinado del Mesías y su distanciamiento (el hecho de que se fue), y la destrucción de Jerusalem por parte del hijo de Vespasiano (un príncipe que había de venir... pues le llaman príncipe a sabiendas de que justo en esos días de la toma de Judea, el padre de Tito, fue proclamado emperador), y del segundo templo (70 d. C.), finalmente anunciando el fin de Judeah y el exilio (135 d. C.). El verso 27 menciona que el Mesías confirmaría su alianza con muchos a partir de ahí (nacimiento del cristianismo), y los servicios del templo se detendrían tras la invasión en Pascua del 66 d. C. Luego menciona al mal usando a Roma para destruir al pueblo de Judeah y venir sobre "el ala" (eufemismo para referirse al lugar santísimo de toda Jerusalem). Un texto apócrifo, aparentemente un tanto sacado de tono y forzado – o hasta manipulado – agrega algunos detalles ulteriores:

«Y dijo Tito: Malhaya tú, emperador Tiberio, lleno de úlceras y envuelto en lepra, pues que escándalo tal pasó bajo tu reinado, y pues que has hecho leyes tales en la Judea, en la tierra de la natividad de Nuestro Señor Jesucristo, donde se ha prendido y dado muerte al rey y al soberano de todos los judíos, y no se lo ha dejado venir a nosotros, para curarme de la lepra, y librarme de mi enfermedad. Y, si esos judíos estuvieran ante mí, yo los mataría con mis propias manos, y los haría pender de cruces, pues que han destruido a mi Señor, y mis ojos no han sido dignos de ver su faz. Y, cuando Tito hubo hablado así, la llaga de su rostro desapareció, y se encontró perfectamente curado. Y cuantos enfermos estaban presentes fueron curados al mismo tiempo. Y Tito, con todo el pueblo, exclamó en alta voz: Mi Dios y mi rey, tú, a quien nunca he visto, y que me has curado, dispón que yo vaya por el mar a la tierra donde naciste, a fin de que tome venganza de tus enemigos, y ayude, Señor, a destruirlos y vengar tu muerte, y entrégalos en mis manos.» (Vindica Salvatoris 2:2-4)

«Y, habiendo celebrado consejo, salieron de la ciudad de Libia, que se llama Burgidalla, y entraron en los buques, y llegaron a Jerusalén y atacaron el reino de los judíos, y comenzaron a destruirlo. Y, oyendo los reyes de los judíos las depredaciones que hacían, tuvieron gran pavor y se turbaron extremadamente. Entonces Arquelao se turbó en su discurso, y dijo a su hijo: Hijo mío, recibe mi reino y dirígelo, y aconséjate con los demás reyes que existen en la tierra de Judá, para que podáis escapar de vuestros enemigos. […] Y su hijo se unió a los otros reyes que estaban bajo su jerarquía, y celebraron consejo, y fueron a Jerusalén con los jefes de aquellos que en dicho consejo se hallaban, y allí estuvieron siete años. Y Tito y Vespasiano tomaron el acuerdo de bloquear la ciudad, y lo hicieron.» (Vindica Salvatoris 5:1-5)

VI. VISIÓN DE LA LUCHA ENTRE LOS REINOS DEL NORTE Y DEL SUR

Daniel 11 nos habla de una visión que tuvo, no estando dormido, sino despierto; una visión que consiste en otra experiencia con el arcángel Gabriel, donde este ángel le informa sobre una guerra de gran importancia que iba a ser un seguimiento de otros acontecimientos que ya le habían anunciado. El tema en sí no empieza en el capítulo 11, ni concluye en este mismo, sino que empieza antes, simplemente siendo ese capítulo el que enfatiza en estos detalles, de los cuales ya he dicho que aborda el libro de los macabeos. Era el tercer año de mandato de Ciro (536 a. C.), posiblemente sobre Babilonia, y Daniel tuvo una visión celestial estando en la orilla del río Jidakel (al que los antiguos persas denominaron 'Tirga', de donde derivó posteriormente al griego 'Tígris'). Según le afirman en el capítulo 10:13, le querían responder a sus ruegos hacía 21 días, pero el Sar (jefe, líder, gobernante) del reino de Persia se le opuso durante ese tiempo. No está claro en qué consistía este freno que pudiese tener Gabriel, especialmente cuando Ciro II estaba en campaña de conquista en Asia central.

Gabriel además agrega que el archiestratega Mijael (Miguel), otro de los más grandes arcángeles, tuvo que ayudarle, y quedó «*allí con los reyes de Persia.*» Aunque Daniel no había mencionado ninguna visión apocalíptica inmediatamente antes, el mensajero le dice, «*He venido para hacerte saber lo que ha de venir a tu pueblo en los postreros días;*

porque la visión es para esos días.» (Dan 10:14, R60) Es de suponer que Gabriel habla de un contexto, sobre las cosas que Daniel había visto, y ahora era el momento en que se le querían explicar en detalle: «*Pero yo te declararé lo que está escrito en el libro de la verdad...*» (Dan. 10:21, R60) Lo que le comenta sobre la situación bélica parece un contexto geopolítico, ya que le anuncia que tras terminar de hablar con él debe regresar con Miguel en la lucha contra los persas, y una vez hayan terminado con ellos en este conflicto, tendrán que seguir con los griegos. Esto ni siquiera era algo para décadas después, ya que si esta conversación la tuvieron el ángel y el profeta en el año 536 a. C., ya Ciro había tomado Lidia (región de Jonia, parte de los territorios griegos) 10 años antes, y su toma de Grecia había empezado con las guerras médicas tras la muerte de Ciro II y la toma del poder de Darío I. Gabriel mismo dice que estuvo apoyando emocionalmente a Miguel en estos acontecimientos:

«*Y yo mismo, en el año primero de Darío el medo, estuve para animarlo y fortalecerlo.*» (Dan. 11:1, R60)

Es extraño que mencione a Darío, siendo que al menos el primer Darío no vino a reinar sino hasta el 521 a. C., o sea, 15 años después de esas palabras. Algunos sugieren que Darío el medo es otra persona, un hijo de Asuero, que habría sido puesto por Ciro II control de Caldea con avanzada edad:

«*La historia confirma la conquista de Babilonia a mano de los persas como un evento que ocurrió en el año 539 a. C. Por lo tanto, una teoría que armoniza el relato bíblico con los hechos históricos verídicos es que cuando Ciro conquistó Babilonia, al ser ya un rey persa, puso a Darío el Medo como rey "...sobre el reino de los caldeos" (Daniel 9:1); entonces tuvo una ascensión al trono y luego un "..año primero.." (Daniel 9:1). Posiblemente, como tenía 62 años, murió por alguna causa, esto concuerda con el relato de (Daniel 11:1). Así, Darío el Medo participó en la conquista de Babilonia y fue corregente con Ciro el Persa, desde el año 539 a. C. hasta el año 537 a. C.*» (Wikipedia)

El relato de Daniel expresa que Gabriel le anticipa la situación actual y la que vendría inmediatamente, y desencadenaría en una toma del reino griego, pero de dicho reino habrá revancha, aunque durará poco, y su poder sería pasado a otros:

«*He aquí que aún habrá tres reyes en Persia, y el cuarto se hará de grandes riquezas más que todos ellos; y al hacerse fuerte con sus riquezas, levantará a todos contra el reino de Grecia.*» (Dan. 11:2, R60)

¿De quiénes estaba hablando? Si estaban bajo mandato de Ciro II, hijo de Cambises I, los siguientes gobernantes serían Darío I (casado con Atosa, hija de Ciro II), posteriormente Jerjes I y luego Artajerjes I, y los que repiten este nombre solo agregándole un número más, siguiendo inmediatamente por Darío II en sucesión. Parecería no estar claro a qué se refería el arcángel al mencionar 3 y 4 reyes más, ya que la dinastía persa que venía de los aqueménides tuvo al menos 7 sucesiones más hasta su fin, pero lo cierto es que se refería hasta la derrota que sufrirían ante «*un rey valiente*» griego que los detendrá:

«*Se levantará luego un rey valiente, el cual dominará con gran poder y hará su voluntad. Pero cuando se haya levantado, su reino será quebrantado y repartido hacia los cuatro vientos del cielo; no a sus descendientes, ni según el dominio con que él dominó; porque su reino será arrancado, y será para otros fuera de ellos.*» (Dan. 11:3-4, R60)

¿Cómo se parte (quiebra, quebranta) el reino de este dominador de gran poder? A través de su muerte, como ya le habían anunciado antes a Daniel. El ángel Gabriel le hablaba de Alejandro Magno. ¿Cuáles son los "4 vientos del cielo"? Los 4 puntos cardinales. Al decir que su reino no pasó «*a sus descendientes*», ni tampoco lo fue «*según el dominio con el que él dominó*» es porque el hijo póstumo (Alejandro IV) de Alejandro no tenía aún edad de reinar, y su nombramiento ficticio finalizó poco después con su asesinato por órdenes de Casandro en el 310 a. C. Incluso el hermanastro de Alejandro, Filipo III, fue asesinado también, en el 317 a. C. Un hijo legítimo de Alejandro, Heracles, fue asesinado por Poliperconte junto con su madre en el 309 d. C. ¿Quién tomó entonces el poder? El Consejo de Babilonia reparte las 9 satrapías en los generales de Alejandro, pero las regiones generales de control en mayor medida quedan en 4 generales, uno al norte, otro al sur, otro al este y otro al oeste. Es una visión que gira mayormente en relación al imperio seléucida, en los generales Seleuco, Casandro, Lisímaco y Ptolomeo.

«Y se hará fuerte el rey del sur; mas uno de sus príncipes será más fuerte que él, y se hará poderoso; su dominio será grande.» (Dan. 11:5, R60)

En el 323 a. C., tras la muerte de Alejandro, Pérdicas, uno de sus generales y hombre de confianza, actuando como regente provisional, nombró a Ptolomeo gobernador de Egipto y Libia, mientras Casandro y Lisímaco controlaban las dos porciones de Grecia (sur y norte, es decir, la región de Grecia que hoy día se conoce, así como el sur de Albania; y la región de Macedonia, que hoy incluiría a casi toda Bulgaria y parte del sureste de Rumanía), Antígono el tuerto (o "el cíclope") controlaba Asia menor, Siria y Judeah, y Seleuco toda la extensión de Babilonia, Persia y todo lo que llegaba hasta casi la India y la región de los escitas. La idea de la boda de Pérdicas con Cleopatra de Macedonia – hermana de Alejandro Magno - provocó la Primera Guerra de los Diáconos, dirigida por Antípatro, Crátero, Antígono y Ptolomeo, pero de ellos, Ptolomeo, consideró absurdo tratar de tomarse todo el poder, así que se limitó a consolidar la parte más importante de Egipto y Libia. Es posible que a esto se refiriese Daniel al hablar de la "alianza":

«Al cabo de años harán alianza, y la hija del rey del sur vendrá al rey del norte para hacer la paz. Pero ella no podrá retener la fuerza de su brazo, ni permanecerá él, ni su brazo; porque será entregada ella y los que la habían traído, asimismo su hijo, y los que estaban de parte de ella en aquel tiempo.» (Dan. 11:6, R60)

«No mucho después Alejandro Magno murió en Babilonia (323 a. C.). Tras la muerte de su hermano, varios de sus generales, pensaron

que aumentarían su influencia en Macedonia casándose con la hermana de Alejandro Magno. Se menciona que Leonato fue el primero en pedir su mano, y le contó a Eumenes de Cardia que recibió una promesa de matrimonio de su parte. Después de la muerte de Leonato en el 322 a. C., Pérdicas intentó casarse con ella y después de morir éste, lo intentaron Casandro, Lisímaco y Antígono. Pero ella negó todas estas ofertas. Se escapó a Sardes, donde fue capturada y mantenida en una especie de cautiverio honorable por Antígono. Cleopatra finalmente aceptó una oferta de Ptolomeo I, pero antes de que pudiera reunirse con él, fue capturada por Antígono y obligada a regresar a Sardes, allí fue asesinada en el 308 a. C., al parecer por orden de Antígono, quien, en cualquier caso, organizó un gran funeral en su honor.» (Wikipedia)

Básicamente encontramos que nos menciona las Guerras de los Diadocos, y en su contexto más amplio casi el mismísimo periodo helenístico de Egipto, que entran dentro de las llamadas "Guerras Sirias", que fueron una serie de seis conflictos armados entre los imperios seléucida y ptolemaico durante los siglos III y II a. C. sobre la región de Celesiria. En el Antiguo Egipto, en esta etapa histórica, que sucede al llamado Periodo tardío, reinaron dos dinastías de origen helénico: la Macedónica (332 a. C. a 309 a. C.) y la Ptolemaica (305 a. C. a 30 a. C.). Las luchas del reino del sur contra el reino del norte podrían incluir en ese "norte" todo el resto de otras facciones, no solo de los diadocos, sino de los generales Casandro, Lisímaco y Antigono I. El profeta Daniel nos menciona que se haría «*fuerte el rey del sur; mas uno de sus príncipes será más fuerte que él, y se hará poderoso; su dominio será grande.*» (vers. 5) ¿De quién estaría hablando? Muy posiblemente de Pérdicas, hijo de Orontes:

«*Antes de luchar contra la nueva coalición enfrentada a él, dejó a Eumenes de Cardia en Asia Menor, junto con su hermano para luchar contra Antípatro, Crátero y Antígono, y se dirigió contra Egipto. Pero su arrogancia, así como sus fracasos ante Pelusio y sus tentativas de atravesar el Nilo, soliviantaron a sus soldados. Fue asesinado en 321 a. C., en un atentado llevado a cabo por dos de sus oficiales, Peitón, el sátrapa de Media y Seleuco I Nicátor, el jefe de su caballería. Seleuco logró el control de Babilonia y Siria. Pérdicas fue el primero de todos los generales de Alejandro en caer. El único de todos ellos que murió de viejo y en su propio lecho fue Ptolomeo I Sóter, rey de Egipto.»* (Wikipedia)

Pérdicas hizo de tutor del hermanastro e hijo de Alejandro Magno, por aparente interés de no ser simplemente auto-gobernador, sino heredero legítimo del trono, pero además, las muchas intrigas y asesinatos en cubierto fueron algo muy visto en todas estas historias, incluyendo la muerte de la madre del heredero con más derechos al trono, Alejandro IV, que fue envenenado junto con su madre, Roxana, esposa de Alejandro Magno. Aún si esta interpretación no fuese del todo acertada, comparando la cita de Daniel con los hechos acaecidos en la crisis del imperio griego, los otros episodios que siguen parecen seguir una secuencia muy coherente y afín a la historia. Aunque Casandro estuvo detrás de esta conspiración, fue Seleuco quien a la larga salió mejor parado:

«Había sido general en el ejército de Alejandro Magno y dos años después de la muerte de éste, en el 321 a. C., fue nombrado sátrapa (gobernador) de Babilonia y más tarde, rey de este territorio, pero después de la derrota y muerte del general Antígono I Monóftalmos, Seleuco se hizo con el poder del extenso dominio que llegaba hasta el actual Pakistán, Irán, las montañas de la India y los desiertos del mar de Aral. De todos los diádocos que se repartieron el imperio de Alejandro, Seleuco fue quien se llevó la más extensa parte que comprendía veinte pueblos de distintas etnias, lenguas y religión, y que sumaba más de 30 millones de habitantes. En el año 301 a. C. se había librado la batalla de Ipsos en la que lucharon Casandro de Macedonia, Lisímaco de Tracia y Seleuco contra Antígono Monóftalmos, perdedor de la contienda y que hasta entonces se había hecho con el control de todo el imperio de Alejandro con la intención de ser el único rey. A partir de esa victoria Seleuco reinó tranquilo sobre el extenso territorio descrito anteriormente.» (Wikipedia)

El original Ptolomeo I, llamado Sóter, se hizo fuerte y poderoso, desarrollando a Egipto más allá de los más grandes sueños de Alejandro. Uno de sus príncipes, o generales, Seleuco Nicátor, también se hizo fuerte y poderoso. Y, en 312 a. C., tomando ventaja de que Ptolomeo estaba ocupado en una guerra, se estableció a sí mismo en Siria, y asumió la diadema como rey. El gobernante sirio, "rey del norte", era en ese entonces Antíoco II, llamado Teos ("el divino"), y su esposa se llamaba Laodicea. Según el historiador Rawlinson, «*Por influencia de ella... se vio envuelto en una guerra contra Tolomeo Filadelfo [rey del sur] en el año 260 A.C., la cual terminó en 252, al celebrarse el matrimonio entre Antíoco y Berenice, hija de Tolomeo*» (Un Manual de Historia Antigua (Serie para Estudiantes), pág. 251). Dice Rawlinson en las páginas 251 y 252, que «*Al morir Filadelfo [el que la engendró] en el año 247 a. C., Antíoco repudió a Berenice y tomó de nuevo a su antigua esposa Laodicea, la cual, sin embargo, dudando de su constancia, lo hizo asesinar a fin de asegurar el trono para su hijo Seleuco (II) en el año 246 A.C. ... Laodicea había hecho asesinar a Berenice.*»

Desde Seleuco Nicanor a Antíoco I Sóter la cosa va a más, y se cumple cada detalle, cada trama y cada sucesión. Daniel nos cuenta además de sobre Antíoco, Berenice, Filadelfo y Laodice, respecto de otros que van viniendo después:

«*Pero un renuevo de sus raíces se levantará sobre su trono, y vendrá con ejército contra el rey del norte, y entrará en la fortaleza, y hará en ellos a su arbitrio, y predominará. Y aun a los dioses de ellos, sus imágenes fundidas y sus objetos preciosos de plata y de oro, llevará cautivos a Egipto; y por años se mantendrá él contra el rey del norte. Así entrará en el reino el rey del sur, y volverá a su tierra. Mas los hijos de aquél se airarán, y reunirán multitud de grandes ejércitos; y vendrá apresuradamente e inundará, y pasará adelante; luego volverá y llevará la guerra hasta su fortaleza. Por lo cual se enfurecerá el rey del sur, y saldrá y peleará contra el rey del norte; y pondrá en campaña multitud grande, y toda aquella multitud será entregada en su mano. Y al llevarse él la multitud, se elevará su corazón, y derribará a muchos millares; mas no prevalecerá.*» (Dan. 11:7-12, R60)

«*Tolomeo Evergetes [III, el primogénito de Filadelfo y por consiguiente hermano de Berenice, rama de sus raíces] invadió Siria en el año 245 a. C. con el propósito de ventar el asesinato de su hermana Berenice... En la guerra que se desató, se llevó todo lo que encontró.*» (George Rawlinson, Un Manual de Historia Antigua, pág. 252)

Un "renuevo" o "rama" de sus raíces. Las raíces de Berenice fueron sus padres; por tanto, el renuevo tendría que ser su hermano, quien ocuparía en seguida el trono del rey del sur en cumplimiento de esta profecía. El octavo versículo de Daniel 11 dice que este rey del sur llevaría cautivos y objetos de plata y oro a Egipto, y que su reinado continuaría durante más tiempo que el del rey del norte, quien a la sazón era Seleuco II, y el versículo 9 dice que regresaría a Egipto. Tolomeo III cumplió las palabras del versículo 7, afirmando que «*vendrá... contra el rey del norte, y entrará en la fortaleza.*» Y efectivamente él tomó la fortaleza de Siria: Seleucia (el puerto de Antioquía) capital del reino. Llevó consigo a Egipto un botín inmenso y 2.500 imágenes fundidas y objetos de idolatría, los cuales habían sido sacados de Egipto en el año 527 a. C. Su reinado se prolongó hasta el año 222 a. C., mientras que el rey del norte, Seleuco II, murió en el año 226 a. C. Muerto Seleuco II, sus dos hijos gobernaron el reino del norte. Primero Seleuco III reinó tres años (226-223 a. C.) y luego le sucedió su hermano Antíoco III, llamado "el Grande", de 223 a 187 a. C. Ambos reunieron inmensos ejércitos para librar guerra contra Egipto, vengar a su padre y recuperar el puerto y la fortaleza de Seleucia (Dan. 11:10).

Antíoco el Grande habría recuperado la fortaleza de Seleucia después de 27 años, y también conquistó el territorio de Siria hasta Gaza, incluyendo Judeah. Pero el joven rey egipcio, Tolomeo IV (Filopátor), se levantó, y con un ejército de 20.000 hombres asestó un duro golpe a Antíoco el Grande. Mató a decenas de miles y nuevamente anexó Judeah a Egipto. Sin embargo, no fue fortalecido porque celebró una paz súbita y precipitada con Antíoco, y volvió a una vida de disipación, desperdiciando los frutos de la victoria (Dan. 11:11-12). Fue «*al cabo de algunos años*», 12 exactamente (en el 205 a. C.), que Tolomeo Filopátor murió, dejando su trono a un hijo pequeño, Tolomeo Epífanes. Entonces Antíoco reunió un ejército mayor y logró grandes victorias. Celebró luego un tratado mediante el cual Filipo V de Macedonia y otros se convirtieron en sus aliados contra Egipto, y juntos arrebataron Fenicia y el sur de Siria de manos del rey del sur. En esta empresa contaron con la ayuda de algunos judíos. El historiador judío Josefo relata que muchos judíos apoyaron a Antíoco, como había anunciado Daniel: «*hombres turbulentos de tu pueblo se levantarán para cumplir la visión, pero ellos caerán.*» (Dan. 11:14, R60) Entonces, Antíoco el Grande sitió y tomó Sidón de Egipto, destruyó los intereses egipcios en Judeah en la Batalla de Paneas (198 a. C.) y luego tomó posesión de Judeah.

En el año 198 a. C. Antíoco II el Grande dispuso el matrimonio de su hija Cleopatra I con el joven Ptolomeo Epífanes, rey del sur, buscando así, sutilmente, la posesión total de Egipto. Pero el plan fracasó. Rawlinson dice en la página 254 de su obra, que «*Coelesiria y Palestina, prometidas como dote, no fueron entregadas.*» En verdad Cleopatra no permaneció de parte de Antíoco, pues se trataba de una treta para tomar Egipto, pero el plan fracasó. El versículo 18 de Daniel 11 aborda la cuestión relativa a cómo Antíoco pasó a ocuparse de otro proyecto: Conquistar las islas y las costas de Asia Menor entre los años 197 y 196 a. C. Sin embargo, el general romano Lucio Cornelio Escipión [el Asiático], lo derrotó en forma aplastante en la batalla de Magnesia (190 a. C.).

El versículo 19 nos anticipa que Antíoco dirigió su atención hacia las fortalezas de su propia tierra, en el oriente y el occidente. Pero mientras buscaba reponer las riquezas malgastadas saqueando el templo oriental de Belo en Elimais, fue muerto en el año 187 a. C.

seguidamente, el verso 20, habla de Seleuco IV (Filopátor, 187-176 a. C.), su hijo, quien envió un recaudador de impuestos, Heliodoro, por toda Judeah para recoger dinero, como es mencionado en 2ª Macabeos 3:21-28 y 34-36. Seleuco Filopátor gobernó apenas 11 años, pues fue envenenado por Heliodoro. El verso 21 sostiene que no dejó herederos, pero su hermano, un hijo menor de Antíoco el Grande, llamado Epífanes (Antíoco IV), y se afirma que era un réprobo despreciable, llegó súbitamente y tomó el reino por medio de adulaciones, asistido por Eumenes. En la historia de Rawlinson, página 255, leemos que *«Antíoco [Epífanes], con la ayuda de Eumenes, derrocó a Heliodoro y le arrebató el trono en el año 176 a. C. Asombró a sus súbditos por la afectación de sus maneras estilo romano»* y *«la apariencia sincera de su adulación.»* Esto también lo afirman las fuentes hebreas:

«Y le sucederá en su lugar un hombre despreciable, al cual no darán la honra del reino; pero vendrá sin aviso y tomará el reino con halagos.» (Dan. 11:21, R60)

«Dos años después, el rey envió a las ciudades de Judá un recaudador de impuestos, que se presentó en Jerusalén con un poderoso ejército. Él les habló amistosamente, pero con la intención de engañarlos, y después que se ganó su confianza, atacó sorpresivamente a la ciudad y le asestó un terrible golpe, causando numerosas víctimas entre los israelitas. Luego saqueó la ciudad, la incendió, y arrasó sus casas y la muralla que la rodeaba. Sus hombres tomaron prisioneros a las mujeres y a los niños y se adueñaron del ganado. Después, levantaron en torno a la Ciudad de David una muralla alta y resistente, protegida por torres poderosas, y la convirtieron en su Ciudadela. Allí establecieron un grupo de gente impía, sin fe y sin ley, que se fortificó en ese lugar. Lo proveyeron de armas y víveres, y depositaron allí el botín que habían reunido en el saqueo de Jerusalén. Así se convirtieron en una permanente amenaza. Esto llegó a ser una asechanza para el Santuario, una cruel y constante hostilidad para Israel. Derramaron sangre inocente alrededor del Templo y profanaron el Lugar santo. A causa de ellos, huyeron los habitantes de Jerusalén y la

Ciudad se convirtió en una colonia de extranjeros: se volvió extraña para los que nacieron en ella y sus propios hijos la abandonaron. Su Santuario quedó devastado como un desierto, sus fiestas se transformaron en duelo, sus sábados en motivo de burla y su honor en desprecio. Tan grande fue su vergüenza como lo había sido su gloria, y su grandeza dio paso a la aflicción.» (1ª Mac. 1:29-40)

Josefo y los macabeos también nos reportan cómo Antíoco engañó a los judíos por medio del oficial a cargo de la dominación sobre Jerusalem, sosteniendo que engañaron a los judíos diciéndoles una cosa y luego haciendo otra, para someterlos y humillarlos, como también mencionan otros historiadores, diciendo que «*Él ofreció halagos a Eumenes, rey de Pérgamo, y a Atalo, su hermano, y obtuvo el apoyo de ellos. Él ofreció halagos a los Romanos, y envió embajadores para cortejar su favor, y para pagar los atrasos del tributo. Él ofreció halagos a los Sirios, y se ganó su concurrencia.*» (Clarke) A propósito de todo esto, en una de sus obras, el historiador judío del siglo I d. C., Tito Flavio Josefo, menciona lo siguiente:

«Pero no se contentó Antíoco con haber tornado la ciudad sin que tal confiase, ni con haberla destruido, ni con tantas muertes; antes, desenfrenado en sus vicios, acordándose de lo que había sufrido en el cerco de Jerusalén, comenzó a constreñir a los judíos, que desechada la costumbre de la patria, no circuncidasen sus niños, y que sacrificasen puercos sobre el ara: a las cuales cosas todos contradecían y los que se mostraban buenos en defender esta causa, eran por ellos muertos. Hecho capitán Bachides de la guarnición de la ciudad, por Antíoco, obedeciendo a todo lo que le había mandado, según su natural crueldad, toda maldad excedió azotando uno a uno a todos los varones dignos de honra, representándoles cada día y poniéndoles delante de los ojos la presa de la ciudad en tanta manera, que por la crueldad de los daños que recibían fueron todos movidos a vengarse. Finalmente, Matatías, hijo de Asamoneo, uno de los sacerdotes del lugar nombrado Modin, con la gente de su casa (porque tenía cinco hijos) se puso en armas y mató a Bachides,

y temiendo a la gente que estaba en guarnición, huyóse hacia los montes. Pero descendió con gran esperanza, habiéndosele juntado muchos del pueblo, y peleando, venció los capitanes de Antíoco, y los echó de todos los términos de Judea.» (Las Guerras de los Judíos. Flavio Josefo)

«Las fuerzas enemigas serán barridas delante de él como con inundación de aguas; serán del todo destruidos, junto con el príncipe del pacto.» (Dan. 11:22, R60)

La frase *«el príncipe del pacto»*, es una probablemente una referencia al sumo sacerdote Onías III, que fue derrocado y asesinado en ese tiempo por las maniobras engañosas de Antíoco cuando éste asumió el poder. Luego, en la traducción castellana de Daniel 11:23 escriben que *«después del pacto con él, engañará y subirá, y saldrá vencedor con poca gente»*, lo cual es similar a la fuente original, pero quisiera acotar cuestiones de vocabulario, ya que más acertadamente dice que *«a través de su unión con él»*, es decir, un tipo de alianza o convenio, *«hará engaño y subirá y prevalecerá sobre poca gente.»* Entonces los siguientes versos, hasta el 27, nos hablan del fracaso del intento de alianza entre Antíoco y el reino del sur, cosa que conllevó en una gran batalla que para nada cambiaría el balance del poder.

«Estando la provincia en paz y en abundancia, entrará y hará lo que no hicieron sus padres, ni los padres de sus padres; botín, despojos y riquezas repartirá a sus soldados, y contra las fortalezas formará sus designios; y esto por un tiempo. Y despertará sus fuerzas y su ardor contra el rey del sur con gran ejército; y el rey del sur se empeñará en la guerra con grande y muy fuerte ejército; mas no prevalecerá, porque le harán traición.» (Dan. 11:24-25, R60)

¿Despertará sus fuerzas? Esto fue cumplido cuando Antíoco Epífanes llevó la disputa entre dinastías, pero fingió una amistad y alianza para tomarlos con la guardia baja. A pesar de los grandes esfuerzos y las épicas batallas, Antíoco Epífanes no prevaleció, y su ejército fue destruido. Hubo dos campañas de Antíoco contra Egipto, y aunque fueron épicas batallas, Antíoco, al regresar otra vez para un segundo enfrentamiento, se vio que Egipto fue ayudado por Roma, por lo que se vio obligado a retroceder, y en su actitud malvada, pasó por Jerusalem para saquear:

«Aun los que coman de sus manjares le quebrantarán; y su ejército será destruido, y caerán muchos muertos. El corazón de estos dos reyes será para hacer mal, y en una misma mesa hablarán mentira; mas no servirá de nada, porque el plazo aún no habrá llegado. Y volverá a su tierra con gran riqueza, y su corazón será contra el pacto santo; hará su voluntad, y volverá a su tierra.» (Dan. 11:26-28, R60)

Se cree que esto fue cumplido en la traición en contra de Antíoco IV a través de sus propios consejeros. La frase en la que se afirma que estos reyes *«sentados a una misma mesa, se mentirán el uno al otro»*, se referiría al hecho de que este rey no era de fiar, pues era un engañador consumado. También nos revelaría que las mesas y conferencias de paz de aquellos tiempos se parecían a algunas mesas de paz de nuestro tiempo: muchos encuentros dan como resultado tratados firmados por naciones, que pronto se convierten en trozos de papel sin ningún significado. Finalmente, el verso 28, nos recuerda cómo vino contra Judeah y saqueó la ciudad de Jerusalem y lo santo del templo, como ya refería en la explicación de la visión del carnero y el macho cabrío. Pero Antíoco, al querer venir otra vez contra Egipto es vencido:

«Al tiempo señalado volverá al sur; mas no será la postrera venida como la primera. Porque vendrán contra él naves de Quitim, y él se contristará, y volverá, y se enojará contra el pacto santo, y hará según su voluntad; volverá, pues, y se entenderá con los que abandonen el santo pacto.» (Dan. 11:29-30, R60)

El verso 30 habla de cómo las noticias de que venían navíos romanos le hicieron desistir y desanimado la tomó contra Jerusalem. Esto vino a raíz de que el cónsul romano Cayo Popilio Lenas le instó a abandonar Egipto y Chipre, así que Antíoco organizó una expedición contra Jerusalem y la saqueó. El término Quítim es el hebreo para referirse a las regiones costeras del sur de Europa, es decir, del

Mediterráneo, y que antes de la adaptación del vocablo universalista de "romano", fue el usado por los judíos para identificar a este pueblo. Si bien, los romanos solo son mencionados en la Tanaj de forma profética, ahí en Daniel 11:30 y en el 9:26-27: La propia Septuaginta escribe que un *«reino de los gentiles»* destruirá la ciudad y el lugar santo así como *«al Mesías»* y luego arrasará todo *«con guerra»*, y es sabido que este contexto se refiere a los romanos. El verso 30 de Daniel 11 es la primera y única vez en que se usa una definición explícita sobre los romanos, concretamente en la Septuaginta del canon, traduciendo 'Kitim' como 'Romaioi' (romanos). Antíoco se lanzó contra Jerusalem en el año 170 a. C., y en aquella oportunidad 100.000 judíos fueron asesinados. Él eliminó el sacrificio diario que tenía lugar en el templo, y en su lugar ofreció la sangre y el caldo de un cerdo sobre el altar:

«Y se levantarán de su parte tropas que profanarán el santuario y la fortaleza, y quitarán el continuo sacrificio, y pondrán la abominación desoladora. Con lisonjas seducirá a los violadores del pacto; mas el pueblo que conoce a su Dios se esforzará y actuará. Y los sabios del pueblo instruirán a muchos; y por algunos días caerán a espada y a fuego, en cautividad y despojo. Y en su caída serán ayudados de pequeño socorro; y muchos se juntarán a ellos con lisonjas. También algunos de los sabios caerán para ser depurados y limpiados y emblanquecidos, hasta el tiempo determinado; porque aun para esto hay plazo.» (Dan. 11:31-35, R60)

Bien que todo esto ya está tratado en las obras de Josefo y en los libros de los macabeos, pero es muy posible que citas como "los santos que será purificados", que aparece en el capítulo 12, haga alusión a estos eventos. Los eventos de estos versículos del 31 al 35 son una vez más la descripción de la abominación asoladora. De todas estas cosas nos hablan los valientes macabeos:

«El rey promulgó un decreto en todo su reino, ordenando que todos formaran un solo pueblo y renunciaran a sus propias costumbres. Todas las naciones se sometieron a la orden del rey y muchos israelitas aceptaron el culto oficial, ofrecieron sacrificios a los ídolos y profanaron el sábado.

Además, el rey envió mensajeros a Jerusalén y a las ciudades de Judá, con la orden escrita de que adoptaran las costumbres extrañas al país: los holocaustos, los sacrificios y las libaciones debían suprimirse en el Santuario; los sábados y los días festivos debían ser profanados; el Santuario y las cosas santas debían ser mancillados; debían erigirse altares, recintos sagrados y templos a los ídolos, sacrificando cerdos y otros animales impuros; los niños no debían ser circuncidados y todos debían hacerse abominables a sí mismos con toda clase de impurezas y profanaciones, olvidando así la Ley y cambiando todas las prácticas. El que no obrara conforme a la orden del rey, debía morir. En estos términos escribió a todo su reino. Además nombró inspectores sobre todo el pueblo, y ordenó a las ciudades de Judá que ofrecieran sacrificios en cada una de ellas. Mucha gente del pueblo, todos los que abandonaban la Ley, se unieron a ellos y causaron un gran daño al país, obligando a Israel a esconderse en toda clase de refugios.»

«El día quince del mes de Quisleu, en el año ciento cuarenta y cinco, el rey hizo erigir sobre el altar de los holocaustos la Abominación de la desolación. También construyeron altares en todas las ciudades de Judá. En las puertas de las casas y en las plazas se quemaba incienso. Se destruían y arrojaban al fuego los libros de la Ley que se encontraban, y al que se lo descubría con un libro de la Alianza en su poder, o al que observaba los preceptos de la Ley, se lo condenaba a muerte en virtud del decreto real. Valiéndose de su fuerza, se ensañaban continuamente contra los israelitas sorprendidos en contravención en las diversas ciudades. El veinticinco de cada mes, se ofrecían sacrificios en el ara que se alzaba sobre el altar de los holocaustos. A las mujeres que habían circuncidado a sus hijos se las mataba, conforme al decreto, con sus criaturas colgadas al cuello. La misma suerte corrían sus familiares y todos los que habían intervenido en la circuncisión. Sin embargo, muchos israelitas se mantuvieron firmes y tuvieron el valor de no comer alimentos impuros; prefirieron la muerte antes que mancharse con esos alimentos y quebrantar

la santa alianza, y por eso murieron. Y una gran ira se descargó sobre Israel.» (1ª Mac. 1:41-64)

Es notorio que Antíoco fue un diablo de su época y circunstancias, especialmente para el pueblo hebreo. En su ataque a Jerusalén se dice que Antíoco IV mató a 80.000 judíos, tomó a otros 40.000 como prisioneros, y vendió a otros 40.000 como esclavos. Él también saqueó el templo, robando alrededor de 1.000 millones de dólares, según cálculos modernos. Pero ahora tenemos un problema, desde el verso 36 gira una teoría general en los protestantes, asumiendo que hay un salto en el tiempo para referirse al Anticristo, simplemente por el hecho de que las citas de Daniel en este punto hablan del tiempo del fin. De ser así, ¿de qué "fin" estaban hablando? El contexto de la temática de estos eventos, y el final de Antíoco y su avaricia y tiranía, y que algunos pensamos que incluso podía tratarse efectivamente del lapso final que estaba determinado sobre ciertas cosas, pero que posteriormente fue cambiado.

« Y el rey hará su voluntad, y se ensoberbecerá, y se engrandecerá sobre todo dios; y contra el Dios de los dioses hablará maravillas, y prosperará, hasta que sea consumada la ira; porque lo determinado se cumplirá. Del Dios de sus padres no hará caso, ni del amor de las mujeres; ni respetará a dios alguno, porque sobre todo se engrandecerá.» (Dan. 11:36-37, R60)

El vocablo 'Elohei', traducido como "dios", es un vocablo genérico para referirse a una deidad, dios o divinidad, sea de la cultura que sea. Los dioses de amorreos se denominan *«elohei haamrei»* (Jue. 6:10); los dioses de los pueblos que menciona, por ejemplo, 2ª Reyes 18:34: *«elohei jamat ve arpad, aih elohei sproim»*... ("dios de Hamat y de Arfad, dónde está el dios de Sefarvaim").

«Mientras tanto, el rey Antíoco recorría las provincias de la meseta. Allí se enteró de que en Persia había una ciudad llamada Elimaida, célebre por sus riquezas, su plata y su oro. Ella tenía un templo muy rico, donde se guardaban armaduras de oro, corazas y armas dejadas allí por Alejandro, hijo de Filipo y rey de Macedonia, el primero que reinó

sobre los griegos. Antíoco se dirigió a esa ciudad para apoderarse de ella y saquearla, pero no lo consiguió, porque los habitantes de la ciudad, al conocer sus planes, le opusieron resistencia. Él tuvo que huir y se retiró de allí muy amargado para volver a Babilonia. Cuando todavía estaba en Persia, le anunciaron que la expedición contra el país de Judá había fracasado. Le comunicaron que Lisias había ido al frente de un poderoso ejército, pero había tenido que retroceder ante los judíos, y que éstos habían acrecentado su poder, gracias a las armas y al cuantioso botín tomado a los ejércitos vencidos. Además, habían destruido la Abominación que él había erigido sobre el altar de Jerusalén y habían rodeado el Santuario de altas murallas como antes, haciendo lo mismo con Betsur, que era una de las ciudades del rey.» (1ª Mac. 6:1-7)

Los detalles finales de estos eventos parecen genéricos, pudiendo haber sido mal interpretadas por no llevar una secuencia estricta de lo anterior, sino estar hablando en general. Es decir, los versos anteriores venían hablando de la situación judíos a causa de Antíoco, pero deja para los versos siguientes lo que en tanto acaecía con el poder de Antíoco y los pueblos del alrededor.

«Mas honrará en su lugar al dios de las fortalezas, dios que sus padres no conocieron; lo honrará con oro y plata, con piedras preciosas y con cosas de gran precio. Con un dios ajeno se hará de las fortalezas más inexpugnables, y colmará de honores a los que le reconozcan, y por precio repartirá la tierra. Pero al cabo del tiempo el rey del sur contenderá con él; y el rey del norte se levantará contra él como una tempestad, con carros y gente de a caballo, y muchas naves; y entrará por las tierras, e inundará, y pasará. Entrará a la tierra gloriosa, y muchas provincias caerán; mas éstas escaparán de su mano: Edom y Moab, y la mayoría de los hijos de Amón. Extenderá su mano contra las tierras, y no escapará el país de Egipto. Y se apoderará de los tesoros de oro y plata, y de todas las cosas preciosas de Egipto; y los de Libia y de Etiopía le seguirán. Pero noticias del oriente y del norte lo atemorizarán, y saldrá con gran ira para destruir y matar a muchos. Y plantará las tiendas de su palacio entre los mares y el monte

glorioso y santo; mas llegará a su fin, y no tendrá quien le ayude.» (Dan. 11:38-45, R60)

«En 170 a. C., Eulao y Leneo, los dos regentes del joven rey ptolemaico Ptolomeo VI, declararon la guerra al rey seléucida Antíoco IV Epífanes. En ese mismo año, los hermanos menores de Ptolomeo, Ptolomeo VIII y Cleopatra II, fueron declarados co-gobernantes con el fin de reforzar la unidad de Egipto. Las operaciones militares no se iniciaron hasta 169 a. C., cuando Antíoco ganó rápidamente la iniciativa aprovechando la importante ciudad estratégica de Pelusio, en territorio tradicionalmente egipcio.» (Wikipedia)

Efectivamente el reino del sur quiso venir contra el del norte en la llamada 'Sexta Guerra Siria', y esas *«noticias del oriente y del norte»* que *«lo atemorizan»* son, efectivamente por parte del norte las romanas, y las del oriente las de Mitrídates I, incidentes que tuvieron lugar poco antes de la muerte de Antíoco Epífanes.

*«El rey Mitrídates I de Parthia <u>aprovechó los problemas occidentales de Antíoco y atacó desde el este</u>, tomando la ciudad de Herat en 167 a. e. c. interrumpiendo la ruta comercial directa a la India, dividiendo eficazmente el mundo griego en dos. **Antíoco reconoció el peligro potencial en el este**, pero no quiso abandonar el control de Judea. Envió a un comandante llamado Lisias para tratar con los macabeos, mientras que el propio rey dirigía el principal ejército seléucida contra los partos. Antíoco tuvo éxito inicial en su campaña oriental, incluida la reocupación de Armenia, pero murió repentinamente de enfermedad en 164 a. C.»* (Wikipedia)

«Al oír tales noticias, el rey quedó consternado, presa de una violenta agitación, y cayó en cama enfermo de tristeza, porque las cosas no le habían salido como él deseaba. Así pasó muchos días, sin poder librarse de su melancolía, hasta que sintió que se iba a morir. Entonces hizo venir a todos sus amigos y les dijo: "No puedo conciliar el sueño y me siento desfallecer. Yo me pregunto cómo he llegado al estado de aflicción y de amargura en que ahora me encuentro, yo que era generoso y amado

mientras ejercía el poder. Pero ahora caigo en la cuenta de los males que causé en Jerusalén, cuando robé los objetos de plata y oro que había allí y mandé exterminar sin motivo a los habitantes de Judá. Reconozco que por eso me suceden todos estos males y muero de pesadumbre en tierra extranjera". Luego, llamó a Filipo, uno de sus Amigos, y lo puso al frente de todo su reino. Le entregó su diadema, su manto y su anillo, encargándole que dirigiera a su hijo Antíoco y lo educara para que fuera rey. El rey Antíoco murió en aquel lugar, el año ciento cuarenta y nueve. Cuando Lisias se enteró de la muerte del rey, puso en el trono a su hijo Antíoco, que él había educado desde niño, dándole el sobrenombre de Eupátor.» (1ª Mac. 6:8-17)

En conclusión, Daniel 11 empieza tratando el asunto de Grecia y Persia, donde Grecia está al norte, tanto de Israel como de Egipto, y Persia está al oriente de todos ellos. Desde el punto de vista apologético y teológico hay que aclarar que los persas fueron vencidos, solo quedó el poder del imperio del norte (Macedonia, cuna de Alejandro, está, dicho sea de paso, lo más arriba de Grecia). Es absurdo que el redactor no aclare de entrada quiénes son esos del "norte" y del "sur", como quien da por sentado que ya se esgrime de la conversación. Daniel, cuando eso, estaba en Persia, donde su norte sería también persa, y más arriba las regiones siberianas desconocidas, y el sur Arabia. Egipto no es exactamente el sur de Israel aunque alguna vez se pudo referir al mismo como alusión. Negueb y Temán eran designaciones para las regiones del sur, pero estas no estaban hacia el suroeste (Egipto). Las regiones del sur de Israel y Babilonia eran Arabia – a veces relacionado con "oriente" -, y el sur de Europa era África. Según Estrabón, el término griego 'Aigyptos' (Egipto) significaba "más allá del Egeo", o sea, tomando como referencia a Grecia, sería el sureste.

Cabe señalar que esta región era conocida como Asia en la época proto-cristiana, pero en general su nombre más generalizado era el de península de Anatolia. El término "Anatoli", es griego, y significa "oriente". En el norte de Israel están Turquía, Líbano, los países Balcanes y Rusia, si somos estrictos en cuanto a los puntos cardinales. Con todo, Turquía es un país actual, y en la época de Daniel pertenecía al imperio persa, luego fue conquistada por Alejandro, luego por los romanos, luego fue la sede del cristianismo paulino y posteriormente de Constantino, pasando a ser el centro del imperio bizantino. Tras los conflictos con el islam se hizo selyúcida y luego absorbió al imperio otomano hasta la división en la derrota en la Segunda Guerra Mundial, pasando a ser república y luego gobierno.

El verso 8 vuelve a mencionar un reino (Egipto), a donde se llevan las riquezas, donde "él" se mantendría por años contra el rey del norte. ¿Por qué dice "rey" del norte o del sur en vez de decir el nombre del reino? Porque el reino macedonio estaba dividido y no se organizaba desde la muerte de Alejandro en un estado soberano estable; Lo mismo ocurría con Egipto, con el sincretismo de dinastía ptolemaica. Además de esto, ambos eran parte del mismo dominio griego, solo que estaban enemistados dentro de un conflicto personal interno, la facción del norte y la facción del sur. Este tipo de conflictos con Egipto y los helenos incluso se menciona entre los textos macabeos, pues los judíos participaron en un par de ocasiones en estos combates (ej. Dan. 11:14). Al final Egipto no pudo mantenerse contra el poder griego del norte y del oriente, ni aún con alianzas con mujeres de la realeza y con grandes ejércitos, y le hacen traición. Posteriormente Roma (Quitim) empieza a tomar el poder y de ellos viene la soberanía sobre todo el Viejo Mundo, y ellos anexan Egipto y lo controlan. Antes de comenzar la abominación asoladora, Antíoco preparaba su Segunda Expedición contra Egipto, donde sería amenazado por los romanos y entonces sería cuando la tomaría con los judíos.

*«Alrededor de ese tiempo, Antíoco **preparaba su segunda expedición contra Egipto**. Y sucedió que por espacio de unos 40 días aparecieron en toda la ciudad, corriendo por los aires, jinetes vestidos de oro, tropas armadas divididas en escuadrones, espadas desenvainadas, regimientos de caballería en orden de batalla, ataques e incursiones de una*

y otra parte, movimientos de escudos, nubes de lanzas, disparos de flechas, destellos de guarniciones de oro y corazas de toda clase. Ante esto, todos rogaban que aquella aparición fuera señal de buen augurio.» (2ª Mac. 5:1-4)

Entonces, tras la advertencia del cónsul romano Cayo Popilio Lenas, sobre abandonar Egipto y Chipre, tiene lugar la abominación desoladora, cuando la avaricia y frustración de Antíoco IV lo hacen buscar algún consuelo y un lugar con bajas defensas. El reino de Alexander se dividió hacia los "4 vientos del cielo", es decir, los puntos cardinales, pero no de Israel (porque Alexander no era judío sino macedonio), sino de Grecia: Es decir, en el sentido estricto, tomando como referencia el imperio heleno de Alexander. Si bien, el viejo mundo no estaba distribuido de una forma homogénea y simétrica, así que al norte podían haber más reinos y al sur ninguno (por dar un ejemplo), así que es una forma de decir que el reino se repartió "a todas partes", como se vio en el norte con Casandro, al sur con Ptolomeo, a Anatolia fue Lisímaco, y más al oriente Seleuco. El verso 31 narra la toma de Jerusalén y su profanación en los días de los macabeos, cuando los servicios sacerdotales y sacrificios se detienen, y cuando la descendencia de Seleuco había controlado también esa locación. El texto luego está hablando del final del reinado de aquellos 4 reyes (los generales de Alejandro: Seleuco, Ptolomeo, Casandro y Lisímaco), de cuando su mal se hubo completado o concluido, y donde apareció otro "melej" (rey) superior. Melej es tanto rey en singular como la idea de un reino o sistema de gobierno.

Es notorio que tras la disolución y caída de las fuerzas helenas, fue Roma quien tomó el poder hasta hoy, no solo de esa región sino del mundo entero. Ese rey primero del que asumo que está hablando, será de donde vendrían los destructores de Judeah (el pueblo de los santos) y quienes expulsarían a los judíos de su tierra. La visión con las Guerras Médicas (entre el imperio aqueménide y las ciudades-estado helenas), iniciaron sobre el 490 a. C. y posteriormente vino la venganza de Alexandro (Alexandros, Alejandro), y su sucesión. No todo lo que Daniel dijo tenía que ver con los macabeos, pero sí de la situación geopolítica de sus alrededores. Daniel 8 incorpora en la revelación los hechos durante la historia de los macabeos, incluso desde antes del nacimiento de Matatías el hasmoneo, y Daniel 11 sí trata la cuestión, primero de forma indirecta, y luego de forma directa. En consecuencia el tema de los macabeos es materia de Daniel 11, no del resto de visiones que el profeta tuvo, aunque tuviesen parte en un aspecto de sincronicidad histórica, como el capítulo 8. Por todo esto recomiendo la lectura de estas obras para entender mejor la materia del capítulo 11 de Daniel.

Egipto fue helenizado por la fuerza hasta el año 30 a. C., en la época de Cleopatra y Marco Antonio. Egipto dejó el helenismo progresivamente, absorbiendo algo de judaísmo a sus ideas nacionales, y luego el cristianismo, que se fortaleció sobremanera haciendo de Egipto una nación cristiana hasta 6 siglos después, cuando las fuerzas de Mahoma invadieron Egipto. Algunos creen que el reino del sur fueron los musulmanes, pero como podemos comparar con los hechos y las citas, esa suposición es incorrecta. Además, el islam no vino ni del norte ni del sur, sino de Arabia, al oriente (de hecho, el término Arab, significa "oriental"). Por ejemplo, Turquía misma en aquel entonces conocido con otros nombres, dependiendo de la época y el imperio, no tenía parte en los asuntos relevantes de la historia de los poderes asirios, babilonios, persas, helenos y romanos. No fue sino hasta el imperio selyúcida, en el siglo X. Al sur del imperio selyúcida no había nada relevante respecto de la historia dada a conocer a Daniel ni que tuviese algo que ver con los judíos. Lo que narraron a Daniel era respecto de las naciones de alrededor de Israel hasta que los judíos fueron expulsados en el 135 d. C. Los eventos a partir de ahí, hasta el regreso del Estado de Israel, en 1948, son efímeros y estrictamente genéricos.

VIII. LA PROFECÍA SELLADA

Como si el capítulo 11 no fuese suficientemente aclaratorio y extenso, el capítulo 12 parece seguir abordando la materia, pero haciendo parecer como si hablase del final de los tiempos. El punto es que olvidamos que había al menos 400 años desde los días de Daniel hasta el tiempo de Antíoco IV, y eso se dice pronto y rápido, pero hasta para nosotros imaginar 400 años adelante se escapa de nuestras capacidades, y mirar 400 hacia atrás sería remitirnos a la Edad Media, o sea, una época completamente diferente, sin punto de comparación. Es de entender entonces que fuese lógico que le dijesen a Daniel que esas cosas eran "futuras" y relativas a otra "época", parte de una "era venidera", aquella que, por su contexto futuro, pertenecía al final de los tiempos:

«Y en ese tiempo se alzará Mikael, el gran jefe que se alza sobre los hijos de tu pueblo...» (Dan. 12:1)

Al decir "ese tiempo", es un contexto de "aquel entonces", o sea, en esa otra época, en el futuro. No quiere decir que justamente fuese en los días de Antíoco, sino en la "era futura" en que todas esas cosas ocurrirían – aunque para nosotros ya hayan ocurrido. El punto clave con esto es el meollo del diálogo, ¿qué pretenden dar a entender y cuál es el objetivo con tantas palabras? Todo venía por Daniel y la preocupación que tenía respecto de su pueblo y la esperanza que aguardaban. Ellos esperaban la redención de su pueblo, el reinado del Mesías y la resurrección de los muertos, y Gabriel le fue indicando las cosas que debían anteceder a esos episodios, es decir, la antesala que presentaría las circunstancias para que llegase la redención de Israel con la era utópica bajo el liderazgo del Mesías. Entonces, ¿qué deparaba el futuro antes de ello? Desde Daniel, aún la caída del imperio que aún estaba en el poder (Babilonia), y que había llevado cautiva a Judah; la subsiguiente caída del imperio que a su vez destruiría a este (Persia), seguido de aquel que sometería a este (Macedonia). Entonces, vendría el imperio romano, con quienes seguiría otra historia, una mucho más duradera que las anteriores, y que empezará casi al tiempo de la primera aparición del Mesías, y concluiría dando lugar al imperio que sería acabado por la segunda venida del Mesías. Entendiendo esto, tiene coherencia la sintaxis y diálogo entre estas dos personalidades:

«...será tiempo de angustia, cual nunca fue desde que hubo gente hasta entonces; pero en aquel tiempo será libertado tu pueblo, todos los que se hallen escritos en el libro.» (Dan 12:1, R60)

No sería loco asumir que esta descripción anuncia la apocalíptica gran Tribulación, y concuerda con muchas otras profecías, pero afirma que "su pueblo" sería "libertado" (liberado, redimido, rescatado). ¿Ha acontecido eso ya? Al referirse a su pueblo agrega algo que pareciese asumir que son *«todos los encontrados escritos en el libro»*, pero ¿qué libro? Si realizamos una sincronización profética, pareciera que nos describe a los "elegidos", aquellos de los que asimismo cita Jesucristo. ¿Sería entonces esto una alusión a la gran Tribulación y el Arrebatamiento? Bueno, el asunto es que Daniel 12:1, al decir en hebreo, *«vebaet hahia»* (y en tiempo la aquella), quiere decir, "en aquel futuro", no "en ese momento", explícitamente. Por eso los sabios judíos tradujeron a la Septuaginta que *«en el tiempo señalado»*, después de aquellas cosas, sería cuando aparecería Miguel. O sea, primero sería la expulsión de los judíos y 1900 años deportados, y al regresar vendría el tiempo nuevamente de Israel, toda vez que antes debían pasar *«los tiempos de los gentiles»* (Luc. 21:24), que habían de cumplirse. Ieshua habló de ese tiempo en que aún sería dominación de los gentiles, e incluso Daniel lo refiere en el mismo verso 1, al decir "Goi" (naciones, gentiles, gente).

«*Y muchos de los que duermen en el polvo de la tierra serán despertados, unos para vida eterna, y otros para vergüenza y confusión perpetua.*» (Dan 12:2, R60)

Según la escatología cristiana, el Arrebatamiento es parte de la Primera Resurrección, y en consecuencia, este "tiempo" en que se levanta Miguel es justamente el Apocalipsis, marcado por la gran Tribulación, la señal del cielo (la lucha de Miguel y el Dragón) que antecede al Arrebatamiento, y que es casi simultáneo a esa parte de la Primera Resurrección descrita en el libro de Juan en Patmos. Si pudiésemos mejorar, pues, la semántica y sintaxis de estos pasajes para facilitar nuestra actual comprensión de los hechos, diríamos que Gabriel le deja claro que lo que Daniel esperaba sobre su pueblo (que realmente para Dios son los elegidos, no solo el pueblo de carne) debía tener lugar después de estas guerras babilonias, persas y griegas, cuando sobreviniese el poder romano. No obstante, sigue siendo extraño que al llegar el imperio romano no hubiese profecías sobre ellos, como con los anteriores, para saber cuánto duraría su dominación y cómo terminaría.

Ergo, sí lo hay, pero no está en el canon bíblico por diversas razones, por ejemplo, los Oráculos Sibilinos mencionan esto, pero, ¿quién metería en el canon un libro de una pitonisa griega? El 2º libro de Esdras habla de esto, pero Martin Lutero no aceptó esta versión, que sí constaba en la versión Vulgata de Jerónimo, y que era parte de la Tanaj original. ¿Y qué con 2ª Baruc? Esto parece ya un poco más apócrifo, es decir, un tanto más oscuro y místico, ya que este tipo de escritos eran parte del periodo inter-testamentario, y en consecuencia, era discutible hasta qué grado se debía incorporar en el canon de la Tanaj. Aún así, estos textos sí se hallaron en las cuevas del Qumran como parte de la historicidad hebrea, y en su caso parece patente que el ángel de Iaheveh mandó a Esdras que solo 24 libros fuesen parte del compendio sagrado, mientras los otros 70 – entre los que posiblemente estuviese 2ª Baruc

– solo fuesen parte del estudio de los sabios. Aparte de estos hay más fuentes, y nos exponen la historia y metamorfosis del obscuro imperio romano para llegar a preparar el reino del Anticristo, que es la puerta de entrada de la última fase del fin de esta era, al que llamamos de forma tradicional, Apocalipsis.

«Los entendidos resplandecerán como el resplandor del firmamento; y los que enseñan la justicia a la multitud, como las estrellas a perpetua eternidad. Pero tú, Daniel, cierra las palabras y sella el libro hasta el tiempo del fin. Muchos correrán de aquí para allá, y la ciencia se aumentará.» (Dan. 12:3-4, R60)

Este verso 3 es notorio que nos anticipa la era milenial del Mesías, evidentemente posterior ya a estos hechos y "la cereza en la copa del pastel": lo último de lo último, o el inicio de una nueva era. Lo que básicamente expone es que el fin de los tiempos era una información "sellada" que aún no sería revelada, pero se daría a conocer y sus pautas empezarían a desencadenarse una vez la visión de la abominación asoladora se hubiese cumplido. Daniel fue informado de lo relevante hasta la aparición del Mesías y el Nuevo Pacto, como aclara al final del capítulo 9, pero a partir de ahí, sería Juan, apóstol de Jesucristo, quien revelaría lo que engloba la fase siguiente de los hechos (sin contar con otros individuos que irían profetizando y vaticinando dentro del periodo de dominio romano). Hay que aclarar que al decir "dominio romano" no me refiero a Italia ni al Vaticano, sino al poder en la sombra que gobierna al mundo y que ha venido por medio del imperio romano hasta hoy a controlar el planeta.

A Daniel le dicen que hasta ahí "detenga las palabras", es decir, el mensaje (lo que le han dicho), y selle el "libro" hasta el tiempo del fin. Es evidente que si Daniel murió sobre el siglo VI a. C., él no podía estar sellando el libro hasta el final. No se sella algo diariamente, sino que se escribe algo y se sella hasta el momento en que deba de ser abierto. Los sellos eran signos estampados para proteger la confidencialidad de una información, y no se podían destapar sino una vez que llegase a manos de su destinatario o la hora de su ruptura. A lo que me refiero es que el texto no dice que esas palabras estén "cerradas y selladas", sino que a Daniel le hablan de un *«cierre de las palabras»*, y que *«detenga el mensaje»*. Al decir "ha.dbarim", se traduce como "las palabras" o "las cosas", respecto del mensaje en sí, y, aparte, "selle el libro". Sellar algo era dejarlo bajo un cuño, dejarlo tapado, finalizar un tema o reservar una información hasta el momento que corresponda ser dada a conocer. Considero que Daniel solo supo detalles, como los demás profetas y apóstoles, pero no el contexto de los acontecimientos. En otras palabras, esa información estaba "clasificada" hasta el año 90 d.C., cuando Dios mismo la dio a conocer a Jesús, y entonces Ieshua la rebeló a un ángel señalado y éste la reveló a Juan en Patmos (Apoc. 1:1).

Asumiendo esto, Pablo no podía saber esto, asumiendo además que Juan fue el último de los apóstoles que quedó con vida y que las cartas de Pablo las redactó sobre 20 a 30 años del Señor, o sea, con un intervalo de unos 30 o 40 años antes de la revelación de Juan. Al decir "sellar la visión y la profecía", aclara que se "sella", no que se abre – como algunas tienden a interpretar -, pero en la ideología hebrea, "sellar" también es "determinar", y como reflejan otros pasajes y todo el contexto, se determina qué se hará para el final y sobre el desolador (Roma, que será el último imperio que quedará), y pasados más de 600 años se explica a Juan. Los sello son abiertos en la visión, mostrando el futuro, pero los eventos realmente ocurrirán más adelante. Entonces, de todo lo que le dijeron, ¿qué estaba sellado hasta ser abierto (conocido) en el tiempo del fin? Le dicen que *«correrán (tendrán prisa) muchos y aumentará el conocimiento.»*

Dado que es un contexto, se entiende que el tiempo del fin y esta frase de las "prisas" y el aumento del "científico" (o "avance") tienen relación. Todo lo que a Daniel le fue revelado terminaba con el 'Et' (tiempo, periodo) de la abominación asoladora, el cual – dicho sea de paso – es posterior al otro 'Et' (definido como 'Ketz' (conclusión, finalización)), y sí le agregan un dato ulterior ahí, diciéndole que había

1.290 días y otros 45 respecto de ese 'Et' del que le habían hablado previamente (cap. 8 y 11). Dicho de otra forma, a pesar de que no le podían decir más, sí le agregaron sobre lo último que le era permitido saber temporalmente: la abominación asoladora referida explícitamente poco antes. ¿Por qué? Porque las revelaciones sobre el final de los tiempos se han mantenido ocultas y encriptadas para que las fuerzas del mal no traten de evitar su propio destino (esto es un poco más difícil de explicar y toca meterse en temas de física cuántica (teoría de la Relatividad del Tiempo, o "tiempos", y sus "variables" dentro del destino), pero para no salirme del tema lo dejo hasta ahí).

Vemos que Daniel tuvo muchas visiones importantes a lo largo de su vida, aunque uno las lea en un par de capítulos como si fuesen algo correlativo que recibió en solo unos días. El capítulo 12 es una de esas visiones, y representa el final de una serie de muchas visiones a lo largo de su vida, pero especialmente el desenlace de lo referido en el capítulo 11, y a largo plazo lo posterior al capítulo 9. Entonces, de todo lo que le dijeron, en ese punto del que están hablando, le dicen que *«muchos correrán (tendrán prisa) muchos y aumentará el conocimiento.»*

Básicamente Daniel recibió "paquetes de información" codificada de eventos futuros, unos más secretos que otros, y los relativos al 'Et Ketz' eran totalmente desconocidos hasta que le fueron rebelados a Juan en Patmos. Solo había comentarios aislados como un puzle de muchas piezas que solo tiene unas pocas conocidas y dispersas. ¿Por qué solo hasta Juan? Porque ya se habían cumplido las palabras del 'Et' (periodo, tiempo) anterior: el Mesías y la abominación asoladora. Si el Mesías no hacía su parte, este nuevo "paquete de información" no podía cumplirse. Dado que el Mesías cumplió su parte (la mayoría de las 70 conjuraciones, destinadas especialmente a la liberación espiritual del hombre), se podía proceder al final esperado. Esto es lo que aún no entienden los judíos que esperan a un Mesías diferente a Ieshua: sin salvación primero del alma, de nada sirve una salvación militar. El "tiempo del fin" es un contexto. En hebreo hay varias palabras para "tiempo", y cada una tiene un significa explícito que, aunque se traduzca, no quiere decir que sea lo mismo que se entiende en español. Por ejemplo, nosotros decimos, "la era del Renacimiento", pero esa era no es de decimales redondeados, sino que va desde cierto periodo del siglo XV a cierto momento del siglo XVI.

En cuando a la historia de Israel, desde que se disolvió la nación en el 720 a. C. (aunque ya se habían dividido en el 930 a. C.), el contexto escatológico giraba en torno al regreso de las tribus y de la reunificación y regreso del poder del pueblo de Israel, y su glorificación como en tiempos de Salomón. Eso, según su entendimiento y cultura, estaba profetizado, pero ocurriría como preludio a la era de paz del Mesías. Por eso, todo lo relacionado con este contexto, era una cuestión del "periodo del fin", no porque todo termine, sino que concluye la dispersión del pueblo de Israel e inicia la era (periodo, época, eón, generaciones, etc.) del Mesías. En consecuencia, el "tiempo del fin" es un periodo muy largo de tiempo que tiene dentro de sí sub-periodos (diferentes grupos de eventos y desarrollos). Esta visión es parte de las visiones del tiempo del fin, aunque para nosotros ya son tiempo pasado. En un sentido global, desde Abraham hasta hoy, muchas visiones se desarrollaron, pero había un, llamémosle, "proyecto" para finalizar determinadas cosas y traer la paz y la justicia. Para ello había una serie de cosas que debían ocurrir, y eso iba siendo dado a conocer a través de visiones: unas ya ocurrieron y otras han de ocurrir aún.

Por ejemplo, a Daniel le explican esa visión, y él le dice, «*He aquí te haré saber lo que ha de ser posterior a la indignación, porque [es] para [el] periodo final.*» (Cap. 8:19) ¿Qué indignación? La indignación es el evento anterior a lo que Gabriel le va a explicar, y eso que le va a explicar es relativo al "tiempo señalado" o "tiempo finado" para los eventos finales: eso puede ser un periodo de tiempo larguísimo y de diversas visiones dentro del mismo. Los eventos con Antíoco serían un paquete de eventos para una pauta de los tiempos finales, en su inicio, solo que para nosotros eso ya es pasado, incluso pasado lejanísimo. Ahora bien, continuando con la dinámica:

« Y yo Daniel miré, y he aquí otros dos que estaban en pie, el uno a este lado del río, y el otro al otro lado del río. Y dijo uno al varón vestido de lino, que estaba sobre las aguas del río: ¿Cuándo será el fin de estas maravillas? Y oí al varón vestido de lino, que estaba sobre las aguas del río, el cual alzó su diestra y su siniestra al cielo, y juró por el que vive por los siglos, que será por tiempo, tiempos, y la mitad de un tiempo. Y cuando se acabe la dispersión del poder del pueblo santo, todas estas cosas serán cumplidas.» (Dan. 12:5-7, R60)

¿Maravillas? Sí, para nosotros fueron cosas de los pueblos pasados, pero si quitamos estos precedentes, y todo aquello nos dese de golpe, siendo algo completamente nuevo, nos impactaría sobremanera. Al decirle esto a Daniel, que vivía en la dispersión, él no lo entiende, y si lo hubiese creído entender habría interpretado que el retorno de su pueblo sería el final de los tiempos. No obstante, no tenía demasiado sentido, porque no había un contexto para que eso tuviese lugar, ya que las 10 tribus estaban en Asiria, y ¿qué poder iba a hacer retornar a las 10 tribus desde Asiria, y más cuando llevaban viviendo ahí más de 150 años? Eso fue posible gracias al decreto de partición de las Naciones Unidas de 1947 para el territorio mal llamado de "Palestina". Daniel, ¿cómo iba a saber todo esto? Debían ocurrir aún muchas cosas y él solo estaba informado de los eventos hasta el Mesías y la abominación asoladora que trajeron los romanos, y aún eso él no se dice que lo hubiese sabido interpretar o comprender. Por eso él pregunta y le contestan que eso está cerrado y sellado hasta el tiempo final. O sea, no le competía a él conocerlas, pero sí le dan algunas pinceladas.

Hay que saber separar correctamente el versículo 7, porque tiene dos partes, 1° habla del final de aquellos eventos de ahí para atrás (o sea, las visiones del capítulo 11, y su contexto con el 8) y 2°, es apropósito de la señal para completarse este conjunto de profecías. En otras palabras, todas estas cosas que Daniel vio serían acompañadas de otras más allá de la vistas en el final del capítulo 9, y que cumplirían el tiempo total que debía transcurrir hasta que llegase la otra etapa del "tiempo del fin", que iniciaría cuando acabase «*la dispersión del poder del pueblo santo*». Ergo, ¿cuándo es el fin de estas cosas? ¿Qué cosas? ¿De qué estaban hablando ahí? Ahí no se está tratando cada una de sus visiones, sino de que [vers. 1] Miguel se levantará (eufemismo para referirse a un alzamiento militar) y habrá una gran tribulación, [vers. 2] muchos serán levantados de la muerte, y [vers. 3] los justos resplandecerán (eufemismo para referirse a destacar, entender y ser glorificado). Ese es el "fin" de aquellas cosas maravillosas que le decían a Daniel y de las cuales él quería saber más, de las cuales "uno" pregunta (vers. 6), y le responden: «*cuando se acabe la dispersión del poder del pueblo santo, todas estas cosas serán cumplidas.*» (Dan 12:7, R60)

¿Pueblo santo? Algunos teólogos interpretan que el "pueblo santo" era gente de la época de Ieshua, o los cristianos. Otros dicen que son personas no carnales, es decir, gente resucitada. El texto no dice ni que sean carnales ni que no sean carnales. La palabra "santo", dependiendo del contexto, no tiene que ser explícitamente gente "santa" en el sentido de inmaculados, sino de "consagrado": gente "dedicada" o en camino de "santificación" para un objetivo, servicio o papel. Según la historia de Israel, ellos fueron llamados para esto (independientemente de que la mayoría del pueblo no fuese apta ni aceptase su llamado). El escrito tampoco dice "hijos de Dios", como otros asumen, sino "pueblo santo". Estas son dos cosas diferentes, y lo que les une es un contexto para el tiempo del fin, cuando el Israel verdadero sea levantado por el Mesías, quitando de Israel a los impuros, y agregando a Israel a los santos de los gentiles, para crear un solo pueblo.

Ahora bien, si pudiésemos compartimentar las visiones del final de los tiempos, el primer grupo serían las guerras de babilonia con Persia; el segundo grupo las de persas y griegos; la tercera de los griegos en su propio interior, incluyendo las luchas de su parte norte y oriente contra la sureña (Egipto); la cuarta el levantamiento del imperio romano con la venida del Mesías y el Nuevo Pacto, pero también la destrucción de la identidad judía; la quinta la era de Piscis bajo el dominio romano; la sexta la llegada del Nuevo Orden Mundial (naciendo con el establecimiento de la Organización de las Naciones Unidas, en 1947), que es cuando regresa el pueblo santo (1948, cuando empieza el final del "tiempo de los gentiles", marcado por la Primera y Segunda Guerra Mundial) y su poder (1967), y recobran su ciudad (Jerusalem) para que se pueda cumplir lo dicho por el profeta Zacarías (1973). Más, ¿cuándo acabó la Dispersión para que estas cosas fuesen cumplidas? En 1948, tras regresar los judíos oficialmente al Estado de Israel. A partir de aquí, como señalan el resto de profecías de los santos profetas, empieza a contarse el periodo del final de los tiempos, cuando Israel recobra su "poder" y comienza el final del "tiempo de los gentiles".

En la Guerras de los Seis Días mostraron que nuevamente tenían el respaldo divino y la autonomía para valerse por sí mismos contra sus enemigos, más esto fue plenamente notorio en la Guerra de Yom Kipur, al mostrar al mundo que Israel era una de la media docena de naciones del planeta que poseía armas nucleares. Algunos han traducido aquí, en Daniel, "dispersión", porque es complicado hacer la traducción de un libro queriendo ser escueto y sujeto a ser literal o interpretar. En sí, a lo que se refiere es que estas cosas empezarán a cumplirse cuando el pueblo de Israel regrese de su dispersión y recobre su fuerza. Para nuestra cultura – como se aprecia a nivel histórico – nosotros los judíos perdimos nuestro poder al dividirse las tribus, y desde entonces solo en momentos aislados tuvimos algún tipo de fuerza como pueblo, en lo que respecta a nuestros enemigos o al resto de naciones. En 1948 regresamos a nuestra nación tras miles de años de disgregación y expatriación, como habían dicho los profetas (especialmente Isaías, Joel y Jeremías), en 1967 se manifestó la primera muestra de unión de fuerza del pueblo judío, mas en 1973, el pueblo, como una nación unida y fuerte, plantó cara a sus enemigos y a las naciones de alrededor, y empezó a ser reconocida militarmente a nivel mundial. Israel había perdido esto desde los tiempos de David y Salomón, y era reo de los imperios de los gentiles.

El eufemismo hebreo *«iad-am-kedesh»* se refiere a la fuerza y poder del pueblo de Israel, la fuerza como nación, entiéndase para plantar cara al resto de naciones. Kedesh no es que diga que sean santos, sino que son un pueblo consagrado, como bien escribió Pedro (1ª Pe. 2:9), judío, quien hablaba de nosotros, no de los gentiles. Cuando Daniel quiso saber sobre el futuro, le dijeron que eso estaba "sellado" hasta el tiempo del fin., y respecto de ello le dijeron, en pocas palabras, que su trabajo ahí concluía, que él descansaría y estaría con sus ancestros y en el futuro recibiría lo que le corresponde. Daniel es el profeta más importante respecto de "la historia futura del pasado", pero su papel solo fue hasta la información concerniente al nacimiento del imperio romano, y lo que sigue a partir de ahí – y esto es historia – fue revelado a Juan hijo de Zebedeo en Patmos. Las visiones contextuales de Daniel finalizan en el tiempo para la época de la obra del Mesías y la abominación asoladora, y en ese tiempo lo siguiente es dado a conocer solo a Juan, y no como cualquier revelación, sino como algo que efectivamente había estado sellado (con 7 sellos, para ser más exacto), y que solo fue dado a conocer del mismo Dios (él lo dio a Ieshua, Ieshua a uno de sus ángeles, y este ángel lo reveló a Juan).

«Y yo oí, mas no entendí. Y dije: Señor mío, ¿cuál será el fin de estas cosas? Él respondió: Anda, Daniel, pues estas palabras están cerradas y selladas hasta el tiempo del fin. Muchos serán limpios, y emblanquecidos y purificados; los impíos procederán impíamente, y ninguno de los impíos entenderá, pero los entendidos comprenderán.» (Dan. 12:8-10, R60)

Aquí tenemos otra parte que debemos separar, ya que en las traducción y mera interpretación lineal parece todo lo mismo, mas no lo es. El verso 10 encaja a la perfección con la historia macabea, más que con cosas futuras que pudiesen parecer genéricas a propósito de los elegidos.

«*A las mujeres que habían circuncidado a sus hijos se las mataba,* conforme al decreto, con sus criaturas colgadas al cuello. *La misma suerte corrían sus familiares y todos los que habían intervenido en la circuncisión.* Sin embargo, **muchos israelitas se mantuvieron firmes y tuvieron el valor de no comer alimentos impuros; prefirieron la muerte antes que mancharse con esos alimentos y quebrantar la santa alianza, y por eso murieron.** Y una gran ira se descargó sobre Israel.» (1ª Mac. 1:60-64)

«*Matatías respondió en alta voz: "Aunque todas las naciones que están bajo el dominio del rey obedezcan y abandonen el culto de sus antepasados para someterse a sus órdenes, yo, mis hijos y mis hermanos* **nos mantendremos fieles a la Alianza de nuestros padres.** *El Cielo nos libre de abandonar la Ley y los preceptos. Nosotros* **no acataremos las ordenes del rey desviándonos de nuestro culto, ni a la derecha ni a la izquierda".** *Cuando acabó de pronunciar estas palabras, un judío se adelantó a la vista de todos para ofrecer un sacrificio sobre el altar de Modín, conforme al decreto del rey. Al ver esto, Matatías se enardeció de celo y se estremecieron sus entrañas; y dejándose llevar por una justa indignación, se abalanzó y lo degolló sobre el altar. Ahí mismo mató al delegado real que obligaba a ofrecer los sacrificios y destruyó el altar. Así manifestó su celo por la Ley, como lo había hecho Pinjás con Zimrí, hijo de Salú. Luego comenzó a gritar por la ciudad con todas sus fuerzas: "Todo el que sienta celo por la Ley y quiera mantenerse fiel a la Alianza, que me siga". Y abandonando todo lo que poseían en la ciudad, él y sus hijos huyeron a las montañas.»*

«*Entonces muchos judíos, amantes de la justicia y el derecho, se retiraron al desierto para establecerse allí con sus mujeres, sus hijos y sus ganados, porque la desgracia se había desencadenado sobre ellos.* Los funcionarios del rey y la guarnición que residía en Jerusalén, en la Ciudad de David, recibieron la denuncia de que algunos hombres, conculcando la orden del rey, habían ido a ocultarse en los escondites del desierto. Un fuerte contingente salió a perseguirlos y logró alcanzarlos. Los cercaron *y se dispusieron para atacarlos. Era un día sábado, y les dijeron: "¡Es hora de acabar con esto! ¡Salgan, cumplan la orden del rey y salvarán sus vidas!". Ellos respondieron: **"No saldremos, ni obedeceremos la orden real, profanando así el sábado". Inmediatamente los atacaron, pero ellos no se defendieron, ni siquiera arrojándoles piedras o cerrando la entrada de sus refugios. "Muramos todos, decían, manteniendo nuestra integridad.** El cielo y la tierra son testigos de que ustedes nos hacen perecer injustamente". Así fueron atacados en pleno sábado, y perecieron los hombres con sus mujeres, sus hijos y el ganado. Eran en total unas mil personas.»* (1ª Mac. 2:19-38)

Ahora llega el final de este capítulo, con un desenlace que explica lo anterior y todo lo que engloba, especialmente respecto del asunto neurálgico de la materia: la abominación asoladora de Antíoco IV.

«*Y desde el tiempo que sea quitado el continuo sacrificio hasta la abominación desoladora, habrá mil doscientos noventa días. Bienaventurado el que espere, y llegue a mil trescientos treinta y cinco días. Y tú irás hasta el fin, y reposarás, y te levantarás para recibir tu heredad al fin de los días.*» (Dan. 12:11-13, R60)

Daniel 12:11 está mal traducido. No dice "Y desde el tiempo que sea quitado el continuo sacrificio hasta la abominación desoladora..." Si no, «*desde que sea quitado el continuo [sacrificio] y dada la abominación desoladora [serán] 1290 días.*» Es decir, son dos cosas que se dieron a la vez, porque desde que comenzó el despropósito de Antíoco prohibiendo la liturgia y servicios religiosos en Judeah junto con la profanación del santuario, hasta que la ciudad y el pueblo fueron liberados y el santuario fue santificado nuevamente, transcurrieron 3 años y medio. No hay un término hebreo ni arameo que defina "continuo sacrificio", se trata de una idea que parte del vocablo Tamid. La palabra Tamid se refiere a algo "continuo", continuamente. Por ejemplo "anshéi tamíd" (hombres con una constante responsabilidad), o "esh tamíd" (fuego que arde permanentemente) o "arruját tamíd" (ración continua). La forma ha-tamíd se interpreta como "minját tamíd" (sacrificio continuo), pero ojo, eso es una interpretación, dado que solo dice "ha-tamid" (lo continuo, lo habitual, lo constante). Así es como se usa esta forma hebrea en las referencias arameas de Daniel (cap. 8:11-13, 11:31 y 12:11). Eso quiere decir que la palabra "HASTA" es un agregado del traductor, y lo que está afirmando es que es un mismo periodo en que el Tamid y el Shkutz Shmem tienen lugar. El Tamid es primero y luego el Skutz Shmem, uno inmediatamente seguido del otro, o sea, cesan los servicios religiosos y empieza la asolación, uno con otro, y todo ello dura 1.290 días en su totalidad hasta que para la mortandad y el Templo es santificado.

Los habitantes de Jerusalem se vieron afectados y los servicios se habían anulado en el templo por decreto de Antíoco IV, y ya no se reanudaron sino hasta la Dedicación (lo cual se conmemora en la fiesta de Januka). De cualquier manera el factor de esos días se repite, porque el valor de 7 y de sus dos mitades (3 ½ + 3 ½) es una secuencia de tiempo o patrón clave en procesos de desarrollo. Por ejemplo, el que haya una analogía entre los 3 años y medio de abominación en Jerusalem y los 3 años y medio del poder del Anticristo es porque hay un patrón de tiempo relacionado con el número 7 y su mitad (3 y medio), como también Jonás estuvo en el supuesto pez 3 días y 3 noches, o el Señor estuvo en el Hades 3 días y 3 noches (realmente 3 y medio, que iban de la tarde de un Yom Rebií (Miércoles) al amanecer de un Yom Rishon (Domingo), o 3 días y medio que los cuerpos de Henoc y Elías serán dejados sin sepultar en Jerusalem.

Ergo, luego agrega que «*afortunado el que espere y alcance el día 1335*», o sea, resista 45 días más después de la conclusión de los 1290 (3 años y medio). Los sacrificios cesaron a la misma vez que inició la abominación desoladora (el sitio de Jerusalem y la destrucción del templo). Por eso los 42 meses son 3 años y medio, pero no de 1260, sino de 1290 días. La idea de "tiempo, tiempos y medio tiempo", y valores similares no se refieren a una única fecha sino a un patrón básico que se repite porque representa la mitad de un ciclo de tiempo. Los que aguantaron 45 días, por encima del tiempo que duró la abominación de Antíoco IV, se libraron definitivamente. Por Antíoco IV fueron suspendidos los servicios, ya que los prohibió, y por Tito, porque al atacar el templo, todo fue destruido y cesó la práctica religiosa ritual de los sacerdotes.

«*De qué manera Antíoco, llamado Epifanes, habiendo ganado a Jerusalén, y habiéndola tenido tres años y seis meses bajo de su imperio, fue echado de ella por los hijos de Asamoneo...*»

«*Estando discordes entre sí los príncipes de los judíos en el tiempo que Antíoco, llamado Epifanes, contendía con Ptolomeo el Sexto sobre el Imperio de Siria, que tanto codiciaba, cuya discordia era sobre el señorío, porque cada cual de ellos, siendo honrado y poderoso, tenía por cosa grave sufrir sujeción de sus semejantes; Onías, uno de los pontífices, prevaleciendo sobre los otros, echó de la ciudad a los hijos de Tobías. Estos entonces vinieron a Antíoco, suplicándole muy humildes armase ejército contra Judea, que ellos lo guiarían. Y por estar el rey de sí muy deseoso de este negocio, fácilmente consintió con lo que ellos suplicaban. De manera que con mucha gente de guerra salió a seguir la empresa; y después de haber combatido la ciudad con gran fuerza, la tomó, y mató muchedumbre de los amigos de Ptolomeo; y dando licencia a los suyos para saquear la ciudad, él mismo robó todo el templo, y prohibió por tiempo de tres años y seis meses la continuación de la religión cotidiana.*» (Las Guerras de los Judíos, Tito Flavio Josefo)

«*Y se levantarán de su parte tropas que profanarán el santuario y la fortaleza, y quitarán el continuo sacrificio, y pondrán la abominación desoladora.*» (Dan. 11:31, R60)

IX. LA CONFUSIÓN DEL SERMÓN ESCATOLÓGICO

« *Viendo Pilato que nada adelantaba, sino que se hacía más alboroto, tomó agua y se lavó las manos delante del pueblo, diciendo: Inocente soy yo de la sangre de este justo; allá vosotros. Y respondiendo todo el pueblo, dijo:* **Su sangre sea sobre nosotros, y sobre nuestros hijos**. » (Mat. 27:24-25, R60)

El que mata a otro "carga su sangre sobre él", o sea, la culpabilidad de asesinado, y al que a hierro mata a hierro muere, porque lo que siembras, eso cosechas. No habían pasado 30 años desde ese incidente, cuando Vespasiano aniquiló a esa gente a través de su hijo Tito. La supuesta "venganza" sobre el pueblo judío (Luc. 21:23) a causa de participar de la conspiración para dar muerte de Ieshua sería una respuesta lógica a por qué ocurrió esta desgracia sobre los judíos: Toda acción tiene su consecuencia, y Jerusalén pagó por lo que hizo, como Jesús había profetizado. Los evangelios sinópticos, y otros parabíblicos, nos cuentan que Ieshua tuvo una conversación con sus seguidores respecto de una "abominación desoladora" de la que había hablado el profeta Daniel. Hemos visto que Daniel 11:31 y 12:11 mencionan una "abominación asoladora", mas, ¿sería eso a lo que se refería Ieshua? La Septuaginta escribe en griego, en los casos de Daniel, «*bdéligma erimóseos*» y «*bdélima tis erimóseos*», respectivamente, y en la revisión posterior o «*bdéligma ifanisménon*» y «*bdéligma erimóseos*». Así consta también en el caso de Mateo 24:15 y Marcos 13:14, pero la explicación de Lucas difiere aquí, y en vez de decir «*bdéligma tis erimóseos*», escribe lo que traducido a la RVA 60 es:

«*Pero cuando viereis a Jerusalén rodeada de ejércitos, sabed entonces que su destrucción ha llegado.*» (Luc. 21:20, R60)

No es posible que Ieshua estuviese hablando de lo mismo que Daniel 11:31 y 12:11. Para empezar, lo dicho por Daniel ahí había acaecido casi 190 años antes, y además aquí se hablaba de un sitio a Jerusalem, siendo que Antíoco IV no sitió la ciudad bajo esos cánones. El sitio a Jerusalem tuvo lugar 30 años después de las palabras que Ieshua estaba refiriendo a sus seguidores, como él mismo dijo:

«*Cuando Jesús salió del templo y se iba, se acercaron sus discípulos para mostrarle los edificios del templo. Respondiendo él, les dijo: ¿Veis todo esto? De cierto os digo, que <u>no quedará aquí piedra sobre piedra, que no sea derribada</u>.*» (Mat. 24:1-2, R60)

Ese mismo día, antes de entrar a la ciudad, él mismo ya lo había dicho con pesadumbre palabras de tristeza sobre el futuro cercano de Jerusalem:

«*Y cuando llegó cerca de la ciudad, al verla, lloró sobre ella, diciendo: ¡Oh, si también tú conocieses, a lo menos en este tu día, lo que es para tu paz! Mas ahora está encubierto de tus ojos. Porque vendrán días sobre ti, cuando **tus enemigos te rodearán con vallado, y te sitiarán, y por todas partes te estrecharán, y te derribarán a tierra, y a tus hijos dentro de ti, y no dejarán en ti piedra sobre piedra,** por cuanto no conociste el tiempo de tu visitación.*» (Luc. 19:41-44, R60)

Es notorio que Ieshua no se refería a la abominación asoladora de Antíoco IV, ni tampoco a algo muy lejano en el tiempo, ya que sus palabras lo explican todo por sí mismas:

«*...los que estén en Judea, huyan a los montes. El que esté en la azotea, no descienda para tomar algo de su casa; y el que esté en el campo, no vuelva atrás para tomar su capa. Mas ¡ay de las que estén encintas, y de las que críen en aquellos días! Orad, pues, que vuestra huida no sea en invierno ni en día de reposo...*» (Mat. 24:16-20, R60)

«Pero cuando veáis la abominación desoladora de que habló el profeta Daniel, puesta donde no debe estar (el que lee, entienda), entonces los que estén en Judea huyan a los montes. El que esté en la azotea, no descienda a la casa, ni entre para tomar algo de su casa; y el que esté en el campo, no vuelva atrás a tomar su capa. Mas ¡ay de las que estén encintas, y de las que críen en aquellos días! Orad, pues, que vuestra huida no sea en invierno...» (Mar. 13:14-18, R60)

«Entonces los que estén en Judea, huyan a los montes; y los que en medio de ella, váyanse; y los que estén en los campos, no entren en ella. Porque **<u>éstos son días de retribución</u>**, *para que se cumplan todas las cosas que están escritas. Mas ¡ay de las que estén encintas, y de las que críen en aquellos días! porque habrá gran calamidad en la tierra, e ira sobre este pueblo. Y caerán a filo de espada, y* **serán llevados cautivos a todas las naciones**; *y Jerusalén será hollada por los gentiles, hasta que los tiempos de los gentiles se cumplan.»* (Luc. 21:21-24, RVA 60)

Esas palabras evocaban una profecía ya conocida, y que aún no se había cumplido. De ella recordó después Josefo, al narrar:

«Estando los que quedaban en vida tan amedrentados, parecían los muertos haber alcanzado más reposo que los vivos, y más bienaventuranza; y los que estaban presos, considerando los tormentos que padecían, tenían por mucho más dichosos aquellos que eran muertos y estaban sin sepultura, que a ellos mismos: quebrantaban todo derecho de hombres, reíanse de Dios y de sus cosas; burlábanse de los profetas y de cuanto habían profetizado, no menos que si fueran respuestas fabulosas. Habiendo, pues, ya menospreciado todas las leyes y ordenanzas que tenían hechas por sus antepasados en las cosas pertenecientes a la virtud, **comprobaron con la experiencia** **<u>lo que mucho antes había sido profetizado de Jerusalén: iba entre ellos aquella antigua profecía de que la ciudad había de ser presa, y que sus leyes santas y las cosas sagradas, habían de ser quemadas por ley de guerra,</u>** **haciendo revuelta y sedición entre ellos**, *habiendo ellos mismos primero ensuciado y violado el templo con sus propias manos. De estas cosas se quisieron*

mostrar ministros y ejecutores los zelotes, como hombres que en ello no dudaban.» (Las Guerras de Los Judíos. Libro V. Capítulo 2).

«*¿Es Israel siervo? ¿Es esclavo? ¿Por qué ha venido a ser presa? Los cachorros del león rugieron contra él, alzaron su voz, y asolaron su tierra; quemadas están sus ciudades, sin morador.*» (Jeremías 2:14-15, R60)

«*La planta que plantó tu diestra, Y el renuevo que para ti afirmaste. Quemada a fuego está, asolada; Perezcan por la reprensión de tu rostro.*» (Salmo 80:15-16, R60)

«*La casa de los impíos será asolada; Pero florecerá la tienda de los rectos. Hay camino que al hombre le parece derecho; Pero su fin es camino de muerte.*» (Proverbios 14:11-12, R60)

«*Vuestra tierra está destruida, vuestras ciudades puestas a fuego, vuestra tierra delante de vosotros comida por extranjeros, y asolada como asolamiento de extraños. Y queda la hija de Tzion como enramada en viña, y como cabaña en melonar, como ciudad asolada. Si Iaheveh Tzabaot no nos hubiese dejado un resto pequeño, como Sodoma fuéramos, y semejantes a Gomorra.*» (Isaías 1:7-9, R60)

«*Y di al pueblo de la tierra: Así ha dicho Iaheveh Adonai sobre los moradores de Jerusalén y sobre la tierra de Israel: Su pan comerán con temor, y con espanto beberán su agua; porque su tierra será despojada de su plenitud, por la maldad de todos los que en ella moran. Y las ciudades habitadas quedarán desiertas, y la tierra será asolada; y sabréis que yo soy Iaheveh.*» (Ezequiel 12:19-20, R60)

Algunos asumirán que estas profecías se referían al cautiverio asirio o a la deportación babilonia, pero lo cierto es que ninguno de aquellos episodios dejaron la tierra de Israel estéril y abandonada (incluso Nabucodonosor dejó a los campesinos y agricultores en Judeah para que la tierra no quedase seca y baldía).

Veamos los puntos que llevan a la confusión de toda esta temática. En la mayoría de interpretaciones teológicas cristianas, estas citas son una cuestión netamente escatológica, o sea, pertenecen a algo que aún ha de tener lugar, no algo ya acaecido. De entrada, estas palabras específicas de Ieshua en el sermón escatológico no encajan con la situación actual de Jerusalem. ¿Se imagina alguno lo que le pasaría a los judíos si hoy día "huyeran a los montes"? Jerusalem hoy por hoy está rodeada y mezclada con barrios musulmanes, los "montes" son territorio palestino: en vez de salvarse estarían yendo a una muerte segura. Los palestinos no son "los gentiles" sino los filisteos (flishtim, hijos de Casluhim, de la ascendencia de Cam); ni siquiera se puede hablar de "los de Judeah", porque los judíos ya no vivimos en Judeah, ese territorio está bajo el control internacional según el tratado de la ONU, y es llamado Cisjordania, con ocupación no judía. La situación de Jerusalem en días de Vespasiano son distintos del contexto en que estará cuando el Anticristo se manifieste.

Incluso Apocalipsis 11:2 señala que "los gentiles" hollarán Jerusalem durante 42 meses, no diciendo nada de "abominación", ni de "desolación", ni de derrota, ni de inundación (metafórica o literal), ni destrucción de un tercer templo o de su profanación (tanto que dice que lo interior "no es tocado"), ni de expulsión de los judíos (como sí dice Ieshua, que serían llevados a las naciones, como efectivamente ocurrió ya), ni de huir, ni de destruir completamente, solo de "hollar" (perforar) la ciudad. Es decir, sí habrá guerra, y Jerusalem la tendrá dentro de sus fronteras, pero todo el resto de cuestiones referidas en las otras profecías no coinciden ni corresponden con este conflicto, solo el patrón de 3 años y medio que siempre se repite y el hecho de un conflicto israelí. En este sentido, en estas profecías tampoco dijeron nada Daniel ni Ieshua de que vendrían dos profetas, ni Daniel dijo nada correspondiente a todo lo que sí afirmó Juan sobre el Apocalipsis. Ese texto del sermón escatológico está hablando de la abominación asoladora sobre Judeah hace casi 2.000 años, no algo futuro, y se cree que es futuro porque se lee mezclado con el tema de la gran tribulación. ¿Por qué están ambos juntos? Porque era una conversación donde Jesús les respondía a dos cosas diferentes que sus discípulos le preguntaron:

el tema profético sobre Jerusalem y Judeah, y aparte, las señales de su venida.

Ejemplos simples, haciendo profecía comparativa, sabemos que otros profetas anunciaron la guerra del Cedrón y Har-Magedon: noreste y centro de Israel, que serán los puntos trascendentes del conflicto, comenzando con la guerra en Jerusalem, focalizada en el valle del Cedrón, y posteriormente la guerra magnificada en el valle de Megido. Otrosí, Zacarías no dice nada de abominación, ni de asolación. ¿Por qué? Porque como bien dice Juan en Apocalipsis, el "interior" (la zona del lugar santo) no llega a ser tocado ni profanado. Jerusalem tendrá guerra especialmente en Cedrón, y la ciudad tendrá guerra, sí, pero el lugar santo no será tocado, como sí fue tocado en el pasado. Es decir, no habrá abominación. Tendrá dificultades pero al final saldrá victoriosa, o sea, ninguna situación la dejará desolada (desierta) ni asolada, como sí le ocurrió en el siglo II d. C. Abominación es la profanación de las cosas santas o la práctica de cosas indignas; Desolación o Asolación es arrasar con algo y dejarlo desértico. Hubo muchas abominaciones y pocas asolaciones, pero solo un acontecimiento que tuvo ambas cosas. Israel será atacado, especialmente Jerusalem, pero no necesariamente toda Judeah, como ocurrió en la Abominación Asoladora, porque Judeah hoy día es Cisjordania, territorio no judío. Será atacada Jerusalem, pero no habrá Abominación ni tampoco llegará el conflicto al grado de dejarla Desolada, porque el Señor salvará esta vez a su pueblo.

Entre las diferencias destacables entre la abominación del 168 a. C. y la del año 66-70 d. C. es que los romanos no estaban interesados en los temas del templo, sino en la revuelta, mientras Antíoco IV sí quería lo que había dentro del templo, e hizo uso de sobornos, de convenios y de la misma fuerza para salirse con la suya. En el primero de los dos casos, después de 2.300 "ereb boker" (tarde-mañana) fue purificado el templo y se consagró, celebrándose ese día importante hasta hoy como la fiesta de Januca, una de las celebraciones más importantes del judaísmo; en el segundo de los casos la cosa no terminó nada bien: el templo y la ciudad fueron destruidos, y al final todos expulsados de Judeah. Comparando esto con los vaticinios sobre Apocalipsis, nada se dice de profanación de templo ni de destrucción de los judíos ni de que por su propia fuerza podrán librarse definitivamente de sus enemigos (tendrán valor en su dios, pero será su Dios quien les dará la victoria, literalmente hablando). Para el tiempo de Jesús, ya la profanación de Antíoco había ocurrido, o sea, al decir, «*de la que habló Daniel*», se refería, efectivamente, a una cuyo contexto había de venir, y que ocurrió 30 años después de esas palabras (empezó en esa época y concluyó en el año 135 d. C.).

«Pero cuando veáis la abominación desoladora de que habló el profeta Daniel, puesta donde no debe estar (el que lee, entienda), entonces los que estén en Judea huyan a los montes.» (Marc. 13:14-18)

Al enfatizar en, *«puesta donde debe estar (el que lee entienda)»*, quiere hace hincapié, porque muchos judíos pensaban – y aún hoy quieren pensar - que el final de Daniel 9 aduce a la imposición idolátrica perpetrada por Antíoco en el 168 a. C., toda vez que "abominación" (Shikutz, en hebreo) se refiere a la idolatría en un lugar santo (el templo), mas como sabemos Jerusalem no tiene templo desde el año 70 d. C. El vocablo "meshomem" y "mishmem" (desoladora o asoladora) no encaja en el contexto del año 168 a. C., pero sí del año 66 d. C. Como bien anuncia Ieshua (Jesús), los que estaban concretamente en Judeah debían huir a los montes, porque el sitio que las legiones de Vespasiano provocaron fue en Jerusalem, capital de Judeah en aquel entonces. Y las legiones V Macedonica, XII Fulminata, XV Apollinaris y X Fretensis rodearon la ciudad y tomaron el monte de los Olivos, después de que las regiones del norte hubiesen sido sometidas tras las revueltas de los zelotes.

Al decir Ieshua que la huida sea en ese momento, era una cuestión estratégica, porque antes no era necesario ni era prudente, pues las tropas venían desde distintos puntos, y fue para tomar Jerusalem que vinieron por la ruta conocida del norte y luego la rodearon. Eso, como dice Ieshua y coincide Josefo, fue en Pascua, pues la gente había subido a Jerusalem a la fiesta. Dado que el sitio tenía por finalidad controlar la revuelta judía tras la muerte Nerón, era seguro para la gente mantenerse en la azotea de sus casas, pero si estaban en la ciudad lo mejor era huir, y claro, si estaban trabajando en el campo lo lógico era no regresar a sus casas ni a la ciudad. Notoriamente este contexto nada tiene que ver con la guerra futura de las naciones contra Israel, porque serán todas las naciones contra Israel, no varias legiones romanas, y tomarán las ciudades, las calles, los montes y los campos como una invasión. No servirá de nada ir a los montes, porque, además, hoy por hoy, esos montes ya no existen ni las arboledas que en el pasado hubiesen sido de refugio para alguien. De hecho Israel está preparado para esto, entre otras cosas, con miklat (bunkers) en cada casa y edifico, así que si una mujer está criando o en cinta, solo debe bajar a esconderse en el miklat (donde tiene abastecimiento de servicios (baños), ventilación, agua, comida y electricidad). No igual, en el pasado esto sería horrendo escapando a pie o en burro, y peor, fuera de las dos o tres rutas comunes que estarían controladas (o sea, huyendo por laderas y montañas escarpadas y sin fuentes de agua en medio del desierto).

Otro punto es que el sitio se prolongó por más de 3 años, y la gente no podía salir de la muralla porque estaban rodeados, y no había modo de sacar los excrementos, ni de que entrase comida o agua. Esta estrategia romana tenía por finalidad debilitarlos y llevarlos a la rendición. Llegados al punto de aquel invierno cuando encontraron un punto débil en la muralla que reventaron - y entraron - vino lo peor de la masacre (un millón de judíos y prosélitos fueron masacrados por las calles, en las casas y en el templo, que fue incendiado). Si uno mira las profecías de Joel sobre la Tercera Guerra Mundial, o las de Zacarías, Isaías y Ezequiel, entre otros, sobre la Cuarta Guerra Mundial, ninguna dice nada de "invierno", "pascua", "huir a los montes", etc. Pero si lee a los macabeos y a Josefo, ve que esos episodios sí entraban en contextos de aquel entonces. La gran Tribulación - que es antes de la guerra en har-Magedon y Cedrón - poco o nada va a afectar a Israel, y la posterior no da opción de huida hacia afuera de la ciudad.

Si iba a haber una invasión 30 años después de que Ieshua se fuese, y ellos podían estar en peligro, es lógico que les advirtiese, cosa que hizo, pero también les habló del Anticristo y de su regreso. Hubo cosas mezcladas en el diálogo del Sermón Escatológico, primeramente porque los que escuchaban y/o redactaban, ni siquiera conocían aún la profecía del Apocalipsis, ni el contexto groso de la temática "finmundista". Durante lo que llamo "Tercera Guerra Mundial y Cuarta Guerra Mundial", los judíos no podremos huir a ningún lado, y es importante comprender todo esto para dejar ya a un lado viejas e incorrectas interpretaciones bíblicas que confunden y distan nuestro entendimiento de ver la realidad de lo que ha de ocurrir efectivamente.

A) los israelitas estarán rodeados de todos los pueblos de alrededor, empezando por los barrios de comunidades palestinas con las que cohabitamos. No hay nada fuera de Israel que sea más seguro que el propio Israel, menos si "salir" implica ir a parar a territorios hostiles, que son los que rodean Israel. B) El desierto no es lo más seguro para esconderse, y menos las montañas. Lo más seguro es esconderse en los miklat (bunkers) y dejar que las IDF (fuerzas de defensa de Israel) se encarguen de la guerra. C) Las azoteas no serán seguras (antes lo eran, cuando no había fusiles, granadas, misiles y demás sistemas de vigilancia y explosivos), ni el campo abierto, sino las zonas de refugio que mi país (Israel) posee, y lleva implementando desde los años 50. D) No hay "montes de Judea"... son pequeñas colinas que hoy pertenecen a territorio palestino, cisjordano y jordano (enemigos de Israel). E) Los romanos, babilonios, sirios y egipcios cautivaban y esclavizaban gente, pero en la guerra contra Israel no habrá rehenes, porque los islamistas radicales no tienen esta perspectiva, ellos van a matar, y no están organizados como naciones con sus políticas de derechos para rehenes. Por ello en las obras anteriores, como 'Visión Remota' explico la otra parte de este diálogo de Ieshua en su verdadero apartado apocalíptico.

Bendiciones.

[]

Don't miss out!

Visit the website below and you can sign up to receive emails whenever Frederick Guttmann publishes a new book. There's no charge and no obligation.

https://books2read.com/r/B-A-DKUGB-OYZCD

BOOKS 2 READ

Connecting independent readers to independent writers.

About the Author

Israeli writer, researcher, disseminator, documentary filmmaker and influencer. He is the writer of more than 35 books, mostly research and dissemination theses.

Read more at https://www.frederickguttmann.com.

www.ingramcontent.com/pod-product-compliance
Lightning Source LLC
Chambersburg PA
CBHW022145150726
47992CB00002B/772